FUTURE
EDUCATION

赵　慧◎著

未来教育

教育改革的未来

人民日报出版社

北京

图书在版编目（CIP）数据

未来教育：教育改革的未来 / 赵慧著 . -- 北京：
人民日报出版社 , 2021.3
ISBN 978-7-5115-6968-4

Ⅰ . ①未… Ⅱ . ①赵… Ⅲ . ①体制改革－研究－中国
Ⅳ . ① D61

中国版本图书馆 CIP 数据核字 (2021) 第 047241 号

书　　　名：**未来教育 ： 教育改革的未来**
　　　　　　WEILAI JIAOYU ： JIAOYU GAIGE DE WEILAI
作　　　者：赵慧

出 版 人：刘华新
责任编辑：张炜煜　　贾若莹
装帧设计：阮全勇

出版发行：人民日报出版社
社　　　址：北京金台西路 2 号
邮政编码：100733
发行热线：（010）65369509 65369512 65363531 65363528
邮购热线：（010）65369530 65363527
编辑热线：（010）65369509 65369514
网　　　址：www.peopledailypress.com
经　　　销：新华书店
印　　　刷：涞水建良印刷有限公司
法律顾问：北京科宇律师事务所 010-83622312

开　　　本：710mm×1000mm　　　1/16
字　　　数：154 千字
印　　　张：13.25
版　　　次：2021 年 3 月第 1 版
印　　　次：2021 年 3 月第 1 次印刷

书　　　号：ISBN 978-7-5115-5968-4
定　　　价：46.00 元

前　言

　　随着科学技术的不断进步，人类迎来以人工智能为主导的第四次工业革命，未来人类社会将发生全面、深刻的变革。人工智能技术与教育的融合将实现教育的变革，会对学校、教师、学生及家长等产生巨大的影响，最终实现对教育的重塑。人工智能的发展给教育带来了很多机遇与挑战。人工智能能够减轻教师和学生的负担，把教师和学生从痛苦中解救出来，同时未来教育将会实现大规模个性化培养、全面的素质教育并有效解决教育公平的问题，而这些问题在工厂教育模式下是很难实现的。但人工智能也将会引发新的一些问题，例如人工智能技术应用过程中短期内可能加剧教育不公平产生新的数字鸿沟，人工智能也会给学校、教师和学生带来新的挑战。所以，未来教师必须具备新的技能和素养，学生必须改变现有的学习方式，养成自主学习的习惯，具备解决复杂问题的能力等。因此，要充分认识人工智能带来的机遇和挑战，做到趋利避害。

　　本书分四部分，第一部分主要介绍人工智能与教育。这一部分主要介绍人工智能及其发展对人类社会的影响，人工智能对教育理念、模式的冲击，以及它给教育带来了哪些机遇和挑战。第二部分主要论述了人工智能时代未来教育如何进行变革。这一部分主要阐述了学校、教师、学生及家长在人工智能时代会发生怎么样的变化。第三部分介绍了人工智能如何破解传统教育难题。主要从素质教育、个性化教育和教育公平三个视角论述了人工智能能够发挥重要的作用。最后一部分主要是对未来教育进一步思考和展望。

第1章主要介绍了人工智能及其发展对人类社会的影响。在人类社会发展的历史进程中，科学和技术是改变人类社会生产、生活方式的重要因素。每一次重大技术革命都会引起人类社会的变革。目前人类已经完成了第一、二、三次工业革命，正迎来第四次工业革命。前三次工业革命解放了人类的体力和脑力，提高了生产和工作效率，提升了生活质量和水平，不断改变人们的生产、生活方式和教育模式。以移动互联网、大数据、虚拟现实等人工智能技术为主的第四次工业革命，对人类社会发展的影响将超过前三次工业革命中任何一次，将彻底改变人类社会经济发展模式、社会管理方式和教育模式。

第2章阐述了人工智能对教育理念、模式的冲击和影响。在科学技术发展日新月异的今天，人类社会正在进行着深刻的变革。人工智能作为一种新兴的颠覆性技术，正对人类社会的生产和生活方式产生着深刻的影响。人工智能在生产和生活中的应用也越来越广泛，教育不仅能够为人工智能的发展提供高端人才，同时还可以利用人工智能技术促进自身的发展。因此，需要了解人工智能对教育产生的冲击和影响，抓住人工智能给教育带来的机遇，迎接挑战。

第3章介绍了人工智能给教育带来的机遇与挑战。人工智能与教育的融合将加速教育的变革，对学校管理、教学方式及学习方式等都会产生深刻的影响，人工智能最终会对教育进行重塑。人工智能不仅能够减轻教师和学生的负担，还能够实现个性化培养、素质教育及解决教育公平问题。但与此同时，人工智能会引发新的一些问题，对人才模式及学校、教师和学生提出新的挑战。

第4章主要介绍了学校未来会发生怎么样的变革。伴随着人类社会的进步与发展，学校也不断发生变化，学校的形态也绝不会像今天这个样子一直存在下去。学校形态会随着技术变革、社会发展而改变，出现新的形式和状态。从学校出现到不断发展，学生的学习环境也不断在变化。从校园环境、学校建筑到教室的布局，从教师使用的教学工具到学生使用的学习用具，都在不断发生变化。人工智能时代学校将发生彻底的改变。未来学校的环境会越来越优美、学校更加智慧化。一方面，校园建筑及环境越来越优美，实现人与自然的融合，同时体现出人文精神；另一方面，学校的整体空间更加智慧化，组织架构更加扁平化，管理更加自动化、科学化，形成虚实融合的智慧生态环境。

第5章主要介绍了未来教师会怎么样。人工智能时代来临，教师会不会被完全替代？如果教师不能被完全替代，那么教师的哪些工作会被替代，哪些工作不会被替代？在人工智能时代，未来教师的角色会发生怎样的转变？未来教师应该具备什么样的素养，才能够在人工智能时代胜任教师的工作？未来教师还会像现在教师这样分工与协作吗？未来教师队伍的组成结构和教师来源还像今天这样吗？这些问题值得我们深入思考，第5章将对上述几个问题进行详细回答。

第6章论述了学生和家长应该怎么转变。人工智能时代的到来对教育的冲击和影响非常大，会引起教育的深刻变革从而对教育进行重塑。无论是学校、教师还是学生及其家长等不同主体，都将受到冲击和影响。人工智能的发展使得简单、重复的工作被机器代替。未来社会对人才素质的要求更高、更全面。教育应转而培养人的创新思维与能力，强调个性化和人文精神。因此，在这样的大背景下，本章的主要内容是讨论学生及家长应该怎么转变，才能适应未来人类社会的变化和要求，最终实现人的全面发展。

第 7 章主要阐述了人工智能时代能够实现素质教育变革。人工智能时代将对教育进行重塑。当前所面临的素质教育问题能够在那时得到解决，因为这是人工智能时代对教育的要求。它赋予素质教育新的内涵，对教育提出了更高的要求，使实行素质教育成为可能。如何更好地实现素质教育的变革是未来人工智能时代教育领域广泛关注的焦点问题。

第 8 章论述了人工智能时代能够实现个性化培养。人工智能的发展将使教育打破时间、空间的限制，学习方式和模式更加灵活，学习内容更加个性化，这为学生的个性化培养创造了非常有利的条件。未来能够按照每位学生的兴趣爱好、个性特征，为每位学生定制个性化的培养方案，引导学生自主学习、实践和创造，引导学生自我管理。人工智能时代的教育能够真正实现从规模化向个性化、定制化发展，实现以学生为中心、学生个性化发展为教育重心的新型教育。未来教育将更加重视教育全过程、教育体验，而不是仅仅关注结果。

第 9 章论述了人工智能时代有利于实现教育公平。目前加快推动教育信息化，促进城乡教育公平发展的要素则更加全面，线上教育、云计算、智能教学与科学管理均被看作推动教育公平的重要举措。教育系统中存在不公平的现象与我国强调高速发展的复杂历史因素有关，也与我国幅员辽阔、地区发展存在差异的现实因素关系密切。未来人工智能快速发展将会重塑教育，优化教育管理，为改变当下更为复杂、因素更加多元的教育不公平现状带来了契机，有利于实现教育公平。人工智能的联通性、智能性为实现区域间的教育同质化与特殊教育公平提供了切实可行的路径。

第 10 章是对未来教育变革的思考与展望。世界各国尤其是主要发达国家都非常重视人工智能发展，把人工智能发展作为国家战略。中国的基本目标是到 2030 年成为人工智能发展和应用领域的世界领导者，在人才获取、资金分配、安全等方面建立全面框架，实现技术标准化，及解决伦理、法律和社会问题。教育在推动人工智能发展。人工智能发展也对教育重塑及未来人才培养发挥着至关重要的作用。因此，需要对未来教育变革进行进一步的思考和展望，希望为未来教育改革提供一些有益的参考。我们必须积极拥抱人工智能，并保证其为人类社会带来利益，同时规避其带来的风险。

目　录
CONTENTS

前　言 / 1

第一篇　人工智能与教育

第 1 章　人工智能及其发展对人类社会的影响 / 003

第 1 节　人工智能及其发展历史 / 003

第 2 节　人工智能对人类社会的影响 / 008

第 2 章　人工智能对教育理念、模式的冲击和影响 / 018

第 1 节　前三次工业革命对教育的影响 / 018

第 2 节　人工智能对教育的冲击和影响 / 022

第 3 章　人工智能给教育带来的机遇与挑战 / 032

第 1 节　人工智能给教育带来的机遇 / 032

第 2 节　人工智能给教育带来的挑战 / 039

第二篇　未来学校将变成什么样子？

第 4 章　学校未来会发生什么样的变革？ / 049

第 1 节　学校环境更加优美 / 051

第 2 节　学校空间智慧化 / 053

第 3 节　学校组织结构网络化、扁平化 / 059

第 4 节　学校管理数据化、智慧化 / 063

第 5 章　未来教师会怎么样？ / 067

第 1 节　未来教师会被完全替代吗？ / 067

第 2 节　未来教师角色将发生怎么样的转变？ / 072

第 3 节　未来什么样的教师最受欢迎？ / 077

第 4 节　教师分工细化、来源多样化 / 081

第 6 章　学生和家长应该怎么转变？ / 085

第 1 节　学生的学习方式转变 / 085

第 2 节　学生的学习习惯转变 / 092

第 3 节　家长扮演的角色转变 / 099

第三篇　人工智能破解现在教育的难题

第 7 章　人工智能时代能够实现素质教育变革 / 109

第 1 节　人工智能时代赋予素质教育新内涵 / 109

第 2 节　人工智能时代实行素质教育的可能性 / 112

第 3 节　人工智能时代如何实现素质教育变革 / 114

第 8 章　人工智能时代能够实现个性化培养 / 124

第 1 节　未来教育打破空间限制 / 124

第 2 节　未来教育打破时间限制 / 129

第 3 节　学习方式与模式灵活化 ／ 133

第 4 节　教学内容更加个性化 ／ 137

第 9 章　人工智能时代有利于实现教育公平 ／ 143

第 1 节　有利于实现区域间教育公平 ／ 143

第 2 节　有利于实现家庭间教育公平 ／ 150

第 3 节　有利于实现特殊与普通教育间的公平 ／ 156

第四篇　思考与展望

第 10 章　对未来教育变革的思考与展望 ／ 167

第 1 节　对未来教育变革的思考 ／ 167

第 2 节　对未来教育变革的展望 ／ 174

第一篇

人工智能与教育

第1章　人工智能及其发展对人类社会的影响

在人类社会发展的历史进程中，科学和技术是改变人类社会生产、生活方式的重要因素。每一次重大技术革命都会引起人类社会的变革。技术变革和社会变革从来都是交织在一起的，相互作用、相互影响，共同推动人类社会不断进步。由科学技术变革而产生的一系列发明、发现和创新所引起的工业领域乃至整个经济社会领域的飞跃式变革被称为工业革命。目前人类已经完成了第一、二、三次工业革命，正迎来第四次工业革命。前三次工业革命解放了人类的体力和脑力，提高了生产和工作效率，提升了生活质量和水平，不断改变人们的生产、生活方式和教育模式。以移动互联网、大数据、虚拟现实等人工智能技术为主的第四次工业革命，对人类社会发展的影响将超过前三次工业革命中任何一次，将彻底改变人类社会经济发展模式、社会管理方式和教育模式。

第1节　人工智能及其发展历史

1. 什么是人工智能？

第一次提出人工智能概念是在1956年达特茅斯会议上。约翰·麦卡锡与他的同事对人工智能的定义是："让机器达到这样的行为，即与人类做同样的行为。"①英国工程和物理科学研究委员会对人工智能的描述："人工智能技术旨在在计算系统中重现或超越人类要执行这些任务所需的智能。这些智能包括：学习和适应能力、感官理解和互动能力、推理和计划能力、编程和参数优化能力、自治能力、创造力、从大量不同的数字数据中提取知识的能力以及预测能力。"②计算机科学中人工智能（AI）有时被称为机器智能，是由机器展示的智能，与人类和动物展示的自然智能形成对比。

人工智能是基于大数据和超级计算能力建立起来的，能够模仿人类意识和思维过程的机器系统。人工智能系统大体可以分为算法层和技术层两大部分，二者相互支撑，如算法层的深度学习和机器学习可以为更高的技术层提供支撑，技术层的技术进步也会促进算法层不断优化。人工智能研究主要包括机器人、语音和图像识别、自然语言处理和专家系统，具体技术有图像、语言和视频识别，图像和语义理解、语音合成、机器翻译、情感分析等，这些具体技术往往被合并起来使用，被应用到各个不同行业或领域。③

人工智能大体可以分为三种不同类型的系统：分析型人工智能、人类启发型人工智能和人性化人工智能。分析型人工智能与认知智能有一致的特征。通过生成对世界的认知，并利用基于过去经验的学习来为未来的决策提供信息。人类启发型人工智能包含认知和情商的元素。除了认知因素之外，还要理解人类情感，并在决策中考虑它们。

---

① 腾讯研究院，中国信通院互联网法律研究中心，腾讯 AI Lab 等 . 人工智能：国家人工智能战略行动抓手［M］. 北京：中国人民大学出版社，2017.

② （英）安东尼·塞尔登，（英）奥拉迪梅吉·阿比多耶 . 第四次教育革命：人工智能如何改变教育［M］. 吕晓志，译 . 北京：机械工业出版社，2019.

③ 蒋万胜，李冰洁 . 论人工智能技术对人类社会发展的影响［J］. 西安财经学院学报，2020，33（01）：23-29.

人性化人工智能显示了所有类型能力（认知、情感和社会智能）的特征，能够自我意识，并在与他人的互动中自我意识。①

2. 人工智能发展历史

不同学者对人工智能的发展历史有不同的划分方法。人工智能的发展历史大体可以划分为三个阶段：萌芽阶段（20 世纪 40 年代到 50 年代）、形成与发展阶段（20 世纪 50 年代至 90 年代）、相对成熟阶段（20 世纪 90 年代末期至今）。②人工智能发展历史上的一些重要事件如图 1-1 所示。

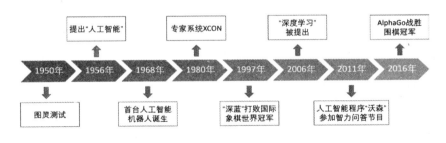

图 1-1　人工智能发展史上的一些重要事件

（1）萌芽阶段（20 世纪 40 年代到 50 年代）

自从人类社会出现以来，一直在不断创造降低劳动强度、提高生产效率的工具。虽然人类社会早期只能制作一些简单的工具，用以满足日常的生产生活所需。但是随着科学技术水平的提高，人类制造出

---

① Andreas Kaplan,Michael Haenlein. Siri, Siri in my Hand, who's the Fairest in the Land? On the Interpretations, Illustrations and Implications of Artificial Intelligence［J］. Business Horizons, 2018,62(1).

② 姜国睿，陈晖，王姝歆．人工智能的发展历程与研究初探［J］.计算机时代，2020（09）：7-10，16.

越来越先进的工具。人类一直思考能否制造出一种能够代替人类工作的工具。在西方，亚里士多德就曾经设想制造出一种像人类一样能够明白主人的心意从而代替奴隶进行工作的工具，这样能够让人从繁重的劳动中解放出来。在中国有一个寓言故事叫"偃师献技"，讲的是周穆王时期有个叫作偃师的人曾制作过有人类外观并且能够舞蹈的木偶。因此人们很早就开始思考人力的替代品了。但是直到20世纪四五十年代，人工智能才开始萌芽。随着计算机的出现和使用，人类开始尝试使用计算机来扩展和替代人类的部分脑力劳动。1949年，唐纳德·赫布首次提出了人工神经网络概念。1950年，被誉为"计算机之父"的阿兰·图灵提出："机器会思考吗？如果一台机器能够与人类对话而不被辨别出机器身份，那么这台机器具有智能特征"。并且图灵还预言了存在一定可能制造出真正智能的机器。1952年，亚瑟·塞缪尔设计了一款西洋跳棋小程序。因此，这个时期是人工智能发展的萌芽阶段。

（2）形成与发展阶段（20世纪50—90年代）

1956年的夏天，一批具有不同学科背景的科学家在美国达特茅斯学院举行的国际会议上一起探讨如何使用机器来模仿人类智能，并提出了"人工智能"的概念。此次会议之后，关于人工智能的研究主要集中在数学和自然语言这两大领域。例如，弗兰克·罗森布莱特（Frank Rosenblatt）于1957年提出了感知机神经网络模型；奥利弗·赛尔弗里纪（Oliver Selfridge）于1959年设计出字符识别程序；罗伯茨（Roberts）在1965年编制出可以分辨积木三维构造的程序。1968年，世界第一台智能机器人Shakey诞生在美国。1969年第一届国际人工智能联合会议胜利召开标志着人工智能的形成。

20 世纪 70 年代，人工智能开始逐渐应用。例如，保罗·维尔博斯（Paul Werbos）1974 年提出反向传播法 BP 算法；1975 年，斯坦福大学推出基于知识的科学推理程序 Meta-DENDRAL；1977 年，知识工程概念被爱德华·费根鲍姆（Edward Albert Feigenbaum）首次提出。美国人工智能联合会于 1979 年正式成立。1980 年，第一届机器学习国际会议在美国成功举办，随后机器学习成为人工智能领域的研究热点。同年，卡内基梅隆大学设计出了第一套专家系统——XCON。该系统具有一套强大的知识库和推理能力，可以模拟人类专家来解决特定领域问题。科恩（Kohen）1981 年提出了自组织映射神经网络；模拟人脑的循环神经网络被约翰·霍普菲尔德（John Hopfield）于 1982 年首次提出；玻尔兹曼机被辛顿（Hinton）等人于 1985 年提出；罗斯·昆兰（Ross Quinlan）1986 年提出决策树算法；支持向量机算法于 1995 年被弗拉基米尔·万普尼克（Vladmir Vapnik）等人提出；Adaboost 算法于 1997 年被弗洛恩德（Freund）等人提出。机器学习理论研究方面取得了很大的进展，研究成果丰富。1997 年，在国际象棋比赛中，人类世界冠军卡斯帕罗夫被 IBM 研发的深蓝机器人击败。

（3）相对成熟阶段（20 世纪 90 年代末期至今）

人工智能在 90 年代末进入相对成熟的阶段，深度学习研究兴起。1988 年扬·勒丘恩（Yann LeCun）提出了卷积神经网络，这是深度学习领域具有代表性的算法之一。进入 21 世纪，深度学习和机器学习成为人工智能研究领域的热点问题，人工智能得到了进一步的发展，并广泛应用到各个行业。数据挖掘的概念被威廉·克利夫兰（William Cleveland）于 2001 年首次提出。深度学习的概念被辛顿（Hinton）等人于 2006 年提出。深度学习理论研究获得丰硕的成果，2011 年，IBM 研发的人工智能系统——沃森机器人参加美国著名智力问答竞赛节目《危险边缘》，最终打败了最高奖金得主布拉德·鲁特尔和连胜纪录保持者肯·詹宁斯。2016 年 3 月，谷歌公司研发的人工智能程序 AlphaGo，战胜韩国围棋手李世石。2017 年 5 月，AlphaGo 在中国乌镇围棋峰会战胜世界围棋冠军柯洁。Google 在 2018 年 1 月发布了一个能自主设计深度神经网络的 AI 网络 Cloud AutoML，并将它作为云服务开放出来。自此，人工智能又有了更进一步的发展，人们开始探索如何利用已有的机器学习知识和神经网络框架来让人工智能自主搭建适合业务场景的网络，人工智能的另一扇大门被打开。这标志着人工智能发展进入相对成熟的阶段。

第 2 节　人工智能对人类社会的影响

人类历史上每一次重大的科技进步都会对人类社会产生重要的影响，会不断提高人类的认知水平和能力，改变人类社会的组织管理方式，改变人类社会的经济发展方式，改进人类社会的文化传播和教育方式。人工智能技术在人类社会中已经和将要实现的更大范围的应用，必然对人类社会产生深刻的影响，以人工智能为核心的即将爆发的第四次工业革命，会使人类社会发生巨大变化。

1. 人工智能在各个领域的应用

人们对人工智能关注的焦点主要集中在具体的应用领域。人们更加关注人工智能技术如何提高人们的生活质量和水平，能够给人类带来多大的贡献或者好处。目前，人工智能技术已经应用到人们的生产和生活之中，并开始逐渐对人们的生产、生活方式产生一定影响。随着人工智能技术不断突破，未来会对人类社会生产和生活方式产生非常深刻的影响。

（1）人工智能技术应用于农业生产

首先，在农业生产过程中种植是非常关键的一环，种什么和怎么种主要是凭借过去的经验和感觉进行，这样会导致这块地种了不适合的种子，并且会出现株距和行距不均匀的情况，人工种植很难实现均匀播种。但是，通过使用人工智能技术不仅能够有效地对不同区域土壤的相关数据进行收集与分析，与大数据进行比较、分析找到最优播种方案，还能在进行播种时避免株距和行距不均匀的情况，实现每颗种子都能吸收到充足的阳光和养分。例如，美国研发的普罗斯佩罗机器人就能够实现自动播种。其次，为了提高农作物的产量，还会对农作物喷洒适量农药，但人工喷洒会出现喷洒不均产生浪费的现象，为解决这个问题，美国蓝河技术公司研发的生菜机器人能够实现精确喷洒农药，避免浪费，有效节约成本。此外，在苹果采摘方面，美国充裕机器人公司设计的苹果采摘机器人能够辨别成熟苹果，并准确采摘。因此，通过使用人工智能技术进行农业生产不仅提高了生产速度，还改变了传统农业的生产方式。

（2）人工智能技术应用于工业生产

工业领域应用人工智能技术，能够有效地提高产品质量，提高工业自动化水平，实现智能制造。例如，日本发那科公司研发生产的线切割放电加工机床具有人工智能热位移校正功能。通过机器学习技术能够有效地检测机器运行期间环境温度和机器发热情况来预测和校正由于温度变化引起的热位移。这一项技术的精确度比传统做法提高约40%，实现更安全的操作。人工智能技术在工业领域的应用能够有效地实现数据可视化分析，机器能够进行自我诊断，从而实现对机器设备的预测性维护和保养，实现了把隐性问题变成显性问题，能够更早地发现问题并解决问题，从而减少由于机器故障带来的损失。目前消费者对产品的需求呈现多样化、个性化的特点，工业生产应用人工智能相关技术能够实现智能制造，同一生产线可以生产多种型号产品，实现小批量订单满足客户特殊需求。

（3）人工智能技术应用于服务业

人工智能技术应用于服务业，进而实现二者的有效融合，不仅能够有效实现传统服务业转型升级，还能够催生新的业态，从而提升服务业发展水平。这里可以举几个例子来分析人工智能技术在服务业中的应用。

首先，在交通运输领域的应用。人工智能能够准确预测城市交通状况，提升城市道路的通行效率，有效地缓解交通拥堵，为居民的出行畅通提供有效的保障，实现降低通勤时间，增加居民的自由时间。例如，杭州的"城市大脑"，它是通过人工智能技术实现的。它将城市道路、信号灯、安防系统及交警的移动终端设备等相关数据整合成一个完整的交通系统。这一交通系统采用人工智能技术能够精确计算最优路线并及时发送给驾驶员，这样驾驶员能够获得准确的交通信息并避开拥堵路段。未来随着人工智能技术发展，无人驾驶、智能交通和监控等都能实现，最终建立智慧交通体系。如通过人工智能技术实现路径规划、系统定位以及自动控制等，进行自主安全的车辆驾驶，在一定程度上避免人为驾驶的失误，实现无人驾驶；利用人工智能技术可以对交通状况实时有效监控，并获取准确交通信息，从而有效指挥交通。同时还可以监控车辆、行人的违法行为。

其次，在医疗健康领域的应用。目前人工智能技术在医疗健康领域中应用广泛，出现了很多智能医疗设备和产品。例如，应用人工智能技术的医疗设备能够实现 X 光检查与医学影像分析及模拟专家诊断和治疗。人工智能沃森医生能够在 17 秒内阅读 3000 多本医书，并进行 60000 多次医疗数据分析，具有极强的学习能力和推理能力，在大量有效数据的支撑下，能够为患者进行智能诊断并提供最佳的治疗方案。除此之外，人工智能随访助手能够模仿医生，对患者进行电话随访，询问患者在出院以后身体康复情况，是否存在一些不良反应等。随访助手不仅提升了随访效率，还确保随访信息全面准确。① 大数据平台给机器学习提供了可能，从而影响医疗系统和临床医师。通过机器学习技术产生的扩展数据和分析模型，还将提升整个医疗领域中其他方面的效率，其中包括减少医疗错误、改善癌症检测和诊断精神状况。在药物的研发和商业化中，数据正在改变传统临床试验模式，药物使用常常伴随着诊断结果，确保正确的药物在正确的时间到达适合的患者手中。当这些情况发生时，我们无疑将从基础整体医疗转向精准个体医疗，机器学习和人工智能相关技术将成为其中的重要因素。

再次，在金融领域的应用。金融领域的应用主要集中在身份识别、量化交易、投资顾问、客服服务、风险管理等方面。一方面主要是替代财务人员的简单工作并且把较为复杂的工作智能化。信息化和智能

---

① 章子跃.浅析人工智能的发展及其对人类生活的影响［J］.通讯世界，2019，26（04）：293-294.

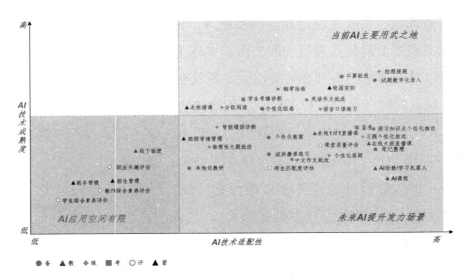

图 1-2　教育 AI 场景散点图

资料来源：《智能教育创新应用发展报告》。

化不仅能够快捷准确获取数据，还能提高数据处理的速度。例如，美国两家公司 EquBot LLC、ETF Managers Groupl 于 2017 年 10 月合作推出全球首只应用人工智能进行投资的 ETF——AIEQ。2018 年 1 月，我国跃然科技公司宣布成立首款由人工智能系统运营管理的私募基金产品——跃然人工智能交易基金。另一方面，人工智能技术的应用主要是改善客户体验。银行的人工智能系统接收客户的信息后，通过比较、分析，向客户进行有效的反馈，简化了客户操作流程，改善了客户体验。此外，智能投资顾问正逐渐取代人类投资顾问。智能投资顾问具有成本低、可靠性强等特点。[1]

最后，在教育领域的应用。目前教育领域人工智能技术的应用比

---

① 杨薪燕.人工智能对金融行业的影响［J］.知识经济，2019（33）：38，40.

其他领域缓慢，但基本覆盖了备教、练、考、评、管全流程。针对教学机构、教师、学生等不同主体构建不同的教育 AI 场景，广泛应用于各个学龄段以及职业教育、在线教育等各类细分领域（如图 1-2 所示），课堂教学辅助、拍照搜题、走班排课、智能化批改、在线自动测评系统、教育机器人等具有代表性。例如，英国 Century Tech 公司、好未来的 God Eye 的监课系统通过捕捉多维度的课堂数据评估学生的专注度和接受度，精准定位学生课堂异常学习状态，并为每个学生生成个性化课堂报告，帮助教师掌握学生现阶段学习状态。孟菲斯大学 AI 研究所研究开发的 Auto Tutor 系统，通过自然语言与学生对话进而帮助他们学习物理和计算机知识，此外还可通过识别面部表情和身体姿势自动跟踪学习者的认知和情绪，并以自适应方式对认知失衡和认知混乱进行干预以促进深度学习。该团队结合当下最前沿的 AI 成果对 Auto Tutor 系统进行补充研发和更新，已经衍生出十余种智能教学系统，如 AutoMentor，DeepTutor，Guru，MetaTutor，ARIES. SKOPEIT 等。

美国知名考试机构全美在线（ATA）的智能监考机器人将 AI 和大数据技术应用到考试、考场、考生管理和监考中，通过对数以万计考场视频中的考生动作进行分析、比对，抓取疑似作弊行为，全面提升了监考效率与考试的公平性。2018 年 9 月中国的注册会计师综合阶段考试过程中，教育机器人被首次应用于考场监考。随着人脸识别、物联网等技术在校园的应用，腾讯、思科等公司推出了智慧校园解决方案。这一方案实现了学生和老师的身份认证、信息采集、课堂考勤和校园安全、后勤服务的管理一体化，涵盖学习、办公、管理、生活等多方面。智慧校园解决方案通过构建智能感知校园环境，实现了多场景数据的互通，为师生提供极大便利的同时，也满足了校园常态化管理需求。随着人工智能技术在教育领域的广泛应用，必将引发教育模式、教学方式、教学内容、评价方式、师资队伍及教学管理等一系列的变革和创新，推动教育生态的演化，促进教育公平、提高教育质量，必将给学校、教师、学生带来重大影响。

此外，随着人们对产品需求数量不断增加，垃圾数量也急剧增加。垃圾处理成为非常棘手的问题。人工处理垃圾不仅工作环境恶劣、效率低，而且垃圾中有毒物质和尖锐物体会对工人产生威胁和伤害。应用人工智能技术的垃圾分拣机器人可以有效解决这些问题。除了处理垃圾之外，人工智能技术在生活中的应用也非常广泛。例如，聊天工具如微信、QQ 等软件的语音转文字功能；各种网站根据用户的搜索记录进行个性化推荐功能；软件翻译如有道翻译词典等以及百度人工智能音响等都运用人工智能相关技术。①

2. 人工智能对人类社会的影响

（1）提升人类的生产效率

回顾人类社会发展历史，我们经历了三次工业革命，人类社会从蒸汽时代走到电力时代，又走到如今的信息化时代。每次工业革命都是重大的科技革命，科技革命所带来的技术进步提高了人类社会的生产效率。每次科技革命人类获得的生产工具是不同的，但是每次工业革命获得的结果是一致的，那就是生产效率大幅提高。历史事实已经证明，科技进步能够促进人类社会不断发展。以人工智能为代表的第四次科技革命一定会大幅提高生产效率，减轻人类的负担，不仅是体

---

① 刘进，钟小琴，李学坪.教育人工智能：前沿进展与机遇挑战［J］.高等工程教育研究，2020（02）：113-123.

力上的，还包括脑力方面的劳动强度。伴随着人工智能技术的快速发展，生产效率的提高，人类拥有更多可自由支配时间，这使人类生活更加自由。

首先，生产出更加优质高效的产品。随着人工智能技术不断发展完善，人工智能机器人或者设备与人类工人相比主要体现在两个方面的差别。一方面，人工智能机器人或者设备具有高效的学习能力。人工智能机器人或者设备能够在短时间内掌握大量的信息，因此人类可以节省出大量的时间投入更多的工作，从而提高工作效率。另一方面，人工智能机器人或者设备在工作时不会受到情绪的影响，不会感到劳累，也不会出现分心的现象。而人类工人容易受到情绪的影响，工作时间长了也会感到劳累，从而影响其工作效率。而使用人工智能机器人或者设备就可以避免人类工人的这些情况，生产出更加优质高效的产品。①

其次，缩短生产、储存和销售的时间。在生产产品环节，采用人工智能机器人或者设备，不仅可以缩短单件产品的生产时间，还可以延长整个的生产时间，可以实现 24 小时不间断生产，加快生产进度，从而提高企业的生产效率；在仓储管理环节，应用人工智能技术可以根据生产商、供应商和顾客的信息，分析各种影响因素，匹配最佳方案；在库存管理方面，能够实现对已有客户资料进行有效整合，通过建立模型预测未来订单数量并及时调整库存，避免盲目生产造成的浪费，同时缩短了销售时间。

最后，人工智能机器人或者设备会替代部分劳动力。人工智能机器人或者设备的计算能力、环境适应能力和工作稳定能力相比人类都

---

① 蒋万胜，李冰洁.论人工智能技术对人类社会发展的影响［J］.西安财经学院学报，2020，33（01）：23-29.

具有很大的优势，因此在生产过程中会使用人工智能机器人或者设备代替人类完成一些简单、重复的，计算复杂和工作环境恶劣的工作，这样可以有效地提升生产效率。

（2）提高人们的生活质量

人工智能技术应用到生活领域中创造了许多新的智能设备和通信应用更新，这些新产品和新应用的推广不断满足人们多样化的需求，彻底改变了人们的生活方式。其主要表现在以下方面。

首先，改变了人与人之间的沟通、交流方式，缩短心理距离。之前人们沟通的方式主要是通过直接见面、写信、打电话等方式，直接见面要花费时间，产生成本，尤其是双方物理距离相距较远的时候，花费的时间更多，产生的成本更大。书信沟通相对较慢，也会存在中途遗失导致信息丢失等问题，给人们的工作和生活造成一定的困难。打电话能够及时沟通，但很难见到对方，在移动电话出现之前，固定电话限制了人们随时联系沟通。随着人工智能技术应用到社交活动领域，为人们提供了全新的沟通方式。人们使用智能手机和社交软件中文字、语音、视频的方式沟通交流具有即时性，交流沟通更顺畅，更能表达自己的情感。并且突破了地域和时间的限制，缩短了人与人之间心理上的距离。

其次，改变了人际交往方式，拓宽了交往范围。现代发达的通信网络不仅提供了广阔的交流空间，而且出现网络社交新形式。例如，目前很多社交软件都具备转发、群发、群聊等功能，使得人与人之间的交往突破了一对一的限制，改变了人际交往方式，拓宽了交往范围。并且在同样的时间内可以处理更多的信息，从而节约了时间，提高了效率。随着政府对社交软件的监管越来越严格，人们必须通过手机号登录账号使用社交软件，网络社交中的个人身份信息越来越真实，在线上沟通也能够充分了解对方，这样可以改变实际生活中人际关系狭窄的问题，拓展了人际交往的范围，改变了交往方式。

最后，更好地满足人类的需求，丰富人类生活。人工智能技术应用会催生出很多智能设备，让人们的需要得到有效满足。如今人工智能技术不断应用到人们的衣、食、住、行等方面，随之会彻底改变人类的生活方式。例如，智能家电，像冰箱、电视、洗衣机等融入了语音、图像识别等技术，不仅提高了安全性，还提升了操控的便利性。随着人工智能技术不断完善，无人驾驶汽车广泛应用，人们可以彻底消除交通堵塞以及疲劳驾驶的烦恼。

总之，人工智能的发展将对人类社会的生产和生活方式产生深刻的变革，创造了新的价值，但也破坏了一些价值。人工智能减轻人类负担的同时，也提高了对人类的要求，使人们在精神上过度紧张疲劳。人工智能技术发展也会带来消极的影响。人工智能技术会让人形成依赖，忽略自身主观能动性的发挥。因此，对待人工智能必须客观和清醒，既要看到人工智能的积极影响，也要看到消极影响，并通过针对性的措施规避消极影响。[①]

---

① 施昊成.探讨人工智能对人类生活方式的影响［J］.电脑知识与技术，2018，14（35）：184-185.

第 2 章 人工智能对教育理念、模式的
冲击和影响

在科学技术发展日新月异的今天，人类社会正在进行着深刻的变革。人工智能作为一种新兴的颠覆性技术，正对人类社会的生产和生活方式产生深刻的影响。世界上很多国家尤其是发达国家对人工智能都非常重视，把它作为促进科技进步、推动产业升级、提高生产效率的主要驱动力量。人工智能在生活中的应用也越来越广泛，教育不仅能够为人工智能的发展提供高端人才，同时还可以利用人工智能技术促进自身的发展。因此，需要了解人工智能对教育产生的冲击和影响，抓住人工智能给教育带来的机遇，迎接挑战。

第 1 节 前三次工业革命对教育的影响

在人类社会发展的历史进程中，工业革命在这个过程中起着关键作用。每一次工业革命都对人类社会进行了颠覆性变革，每一次工业革命对人类社会的影响都是多方面的，每一次工业革命对人类社会发展都具有重大意义。工业革命对人类社会的影响从生产力渗透到生产关系，包括政治、经济、思想、教育等。其中，对于教育等方面的影响具有非常重要的意义，值得关注。教育是人类进步以及人类社会发

展不可或缺的关键因素。每一次工业革命的发生，都会引起教育的深刻变革，教育的变革会进一步推动人类社会发展。教育与工业革命有机地联系在一起。现代教育制度是工业化大生产的产物，教育随着时代变迁而改变。

1. 第一次工业革命对教育的影响

第一次工业革命是从 18 世纪 60 年代到 19 世纪中叶。第一次工业革命最早是在英国发生的，然后世界上其他国家如法国、美国、德国、俄国和日本等也相继发生了工业革命。第一次工业革命是人类社会发展历史上第一次巨大科技革命，实现了以机器代替手工劳动。第一次工业革命不仅是一次技术革命，更是一场深刻的社会变革，推动了政治、经济、思想、文化及教育等很多方面的变革。第一次工业革命迅速提高了生产力，促进了各国经济发展，巩固了各国资本主义的统治地位。同时，在思想和文化领域也产生了深刻的影响。

第一次工业革命对教育产生了巨大的影响。首先，接受教育的概念逐渐深入人心。第一次工业革命激化了社会矛盾，统治阶级为了缓和矛盾，将教育作为社会福利开始普及，接受教育是每个人的权利。其次，第一次工业革命也使教育模式逐渐清晰。第一次工业革命使人类从以手工为主的生产方式转变为以机械化生产为主的生产方式。推动技术进步不再以经验为主而是主要依靠科学理论知识。因此，对工业化生产中的工人素质提出了更高的要求，开始产生对这些工人普及教育的需求，新的教育模式——学校开始出现。这种教育模式开始采用班级授课方式，为工业化生产培养了大量劳动力，从而成为当时职业教育的主要模式。各主要国家在 19 世纪中期先后建立了大量职业学校。[①]

这一时期的教育模式主要围绕学校展开，出现了专门从事教育的老师，学校开始出现学科的概念。学校最初的目的是针对精英阶层培养其管理政府、军队和企业的能力，针对工人阶层培养工作所需的技能。传统的工业化思维是基于资源稀缺的一种线性思维模式，特点是追求效率、标准和规模。在这种教育模式中，以教师为中心，教师根据教学目标组织教学。教学组织形式主要是以班、组为单位，教学内容统一。学生学习和测评按照统一标准，学校则根据考试成绩对学习者进行测评，判断是否达标。这种教学模式，亦称之为"工厂模式"。[②]

2. 第二次工业革命对教育的影响

第二次工业革命是从 19 世纪 60 年代到 19 世纪末 20 世纪初。随着资本主义经济的迅速发展，自然科学领域取得重大进展。19 世纪 70 年代，各种新发明和新技术不断涌现，并被应用到生产、生活中。第二次工业革命使人类进入了"电气时代"。第二次工业革命对生产力的发展产生了极大的推动作用，对人类社会产生了深远的影响。第二次工业革命对政治产生了重大的影响，形成了比较健全的资本主义政治模式。科学技术的迅速应用对人们的生活产生了很大的影响，交通更加快捷便利，扩大了生活范围，加强了交流。

第二次工业革命对教育产生了非常重要的影响。随着工业化水平的不断提高，各国高等教育迅速发展。如英国出现了很多城市学院，

---

① 史旦旦，马洁虹．第一次工业革命对于职业教育之影响——基于技术视角的诠释［J］．职业时空，2010（02）：10-11.

② （英）安东尼·塞尔登，（英）奥拉迪梅吉·阿比多耶．第四次教育革命：人工智能如何改变教育［M］．吕晓志，译．北京：机械工业出版社，2019.

这些城市学院非常重视专业技术人才的培养，突出应用性、技术性、职业性等特色。这一时期普通教育与专业教育并行，招生对象主要是普通百姓及中产阶级，大学办学规模不断扩大，促进了高等教育的快速发展，实现了高等教育大众化。德国在这一时期出现大批的工业学院、工科大学及专门学院。自然科学和技术类课程数量超过人文学科。许多技术学校升级为大学进一步推动科学研究的发展，开创了科研与教学并重的新时代。美国这一时期兴起研究型大学，主要强调研究生教育，科研和研究生教育开始融合。私立大学如斯坦福大学、芝加哥大学等不断涌现。美国经济迅速发展促进初级学院的形成，为专业教育、职业技术教育提供了可能，并且促进了美国多元化教育体系的形成。第二次工业革命促进高等教育的发展，对内部专业结构、课程内容进行调整，促进了近代高等教育体系的形成。①

3. 第三次工业革命对教育的影响

第三次工业革命②是从 20 世纪四五十年代到现在。第三次工业革命实质上是新能源、新材料、新技术与互联网的创新、融合与运用，其以数字制造技术、互联网技术和再生性能源技术的交互融合为主要标志，推动社会生产方式、制造模式、生产组织方式等方面发生变革。③第三次工业革命对政治、经济、文化等产生了巨大的影响。相

① 陈·巴特尔，马卫方. 工业革命与高等教育关系的发展与启示［J］. 西部学刊，2018（12）：79-83.

② 关于"第三次工业革命"学术界并没有形成广泛接受的定义，根据研究的需要，正在进行的工业革命可以理解为第三次工业革命（李尧远，2018）。这样可以和未来第四次工业革命区别开来。

③ 周洪宇，鲍成中. 第三次工业革命与人才培养模式变革［J］. 教育研究，2013，34（10）：4-9，43.

比之前人们主要是依靠提高劳动强度来提高劳动生产率，在第三次工业革命条件下，主要是通过生产技术的不断进步、提高劳动者的素质和技能来提高劳动生产率。第三次工业革命推动社会经济结构发生变化，第一产业、第二产业在国民经济中的比重逐渐下降，第三产业的比重逐渐上升。第三次工业革命对教育也产生了非常深刻的影响。第三次工业革命为世界政治经济的发展提出了一个美好的愿景，新的政治经济形态对人才的培养提出了新的要求。

首先，第三次工业革命时代是绿色低碳、生态和谐、可持续发展的社会，主要凸显人的价值。因此，教育不仅仅关注智力的开发与培养，而且要培养人与社会共情、感知能力。以往的教育理念和人才培养模式不适合第三次工业革命时代对人才的需求。其次，第三次工业革命时代的人才培养理念是以综合素质提升为核心，培养符合时代要求的复合型人才。高等教育破除以往人才培养过度专业化的弊病，重视跨学科培养。同时，专业教育与通识教育中的服务意识增强，服务社会成为大学的重要职能，高等教育与工业联系更加紧密。这一时期注重全球视野，合作、创新意识，终身学习能力的培养，注重人的同理心唤醒，创新教育模式和学习模式，培养高素质的劳动者和创新型人才。[1]

第2节　人工智能对教育的冲击和影响

我们即将迎来以人工智能技术为主导的第四次工业革命。第四次

---

① 周洪宇,鲍成中.第三次工业革命与人才培养模式变革[J].教育研究,2013(10):14-15.

工业革命对人类社会影响的广度、深度与系统性变化会超过前三次工业革命中的任何一次。第四次工业革命对人类社会的生产、生活产生的影响也将超过前三次工业革命产生的影响。以人工智能技术为主的新一代信息技术在教育领域的应用会对教育理念和模式产生冲击和影响，会对教育进行重塑。

1. 人工智能对教育理念的冲击和影响

人工智能技术的发展将对教育产生颠覆性的变革，实现对教育的重塑。因此人工智能对当前的教育理念也会产生冲击和影响，教育理念会发生变化：从生存需要到幸福生活的需要；从大规模标准化教育到个性化教育；从应试教育到全面发展教育。未来要不断探索更新的教育理念，适应未来教育的变革，为未来世界的发展奠定教育基础，培养符合时代发展的人才。

（1）从生存需要到幸福生活需要

在人类社会发展过程中，教育不断进行变革与创新以满足人类社会不断发展的需要。回顾前三次工业革命，每一次工业革命都对人类社会产生了深刻的影响，教育也不断改革创新，以满足人类社会发展的需要。人类接受教育从为了生存需要、为了工作需要逐渐演变成幸福生活的需要。教育从作为实现一定目标的手段，逐渐变成人生幸福生活的需要。第四次工业革命将使人类进入人工智能时代，人类对教育的需求就会演变成实现幸福生活的需要。人类开始有组织地学习、开展必要的教育之后很长一段时间，教育主要围绕着生存，如在部落、家庭、团体传授生存本领。前两次工业革命发生以后，需要大批的产业工人，教育的主要目标是培养出技术成熟的产业工人，以满足工业化生产的需要，对于学习者个人来说，教育的目的主要是为了解决就业，更好地生存，从而形成了工厂化教育模式。

今天的教育虽然本质上还是为了工作和生存，但不是单一的目标，还包括培养学生的创新能力、注意学生德智体美劳等各方面的全面发展，等等。我们开始在教育中探求更多的东西，开始追求教育带给我们的人格的完善、精神的富足，等等。教育理念在此时已经不只关注生产和生活。人工智能时代教育的理念将不单单只是让孩子掌握一项生存的技能和本领，更重要的是让所有孩子都过上美满幸福的生活。如何生存下去在这个时代已经不再是一个棘手的问题，而如何让每个人都能按照适合自己的生活方式健康、快乐、幸福地生活下去才是。社会是由一个个个体组成的有机体，只有每个人都能够找寻自我，懂得如何生活得更好、更幸福，幸福社会的打造才会变得更加容易，社会的进步也才能更加快速。

（2）从大规模标准化教育到个性化教育

工厂化教育模式实现了大规模标准化的教育，为工业革命培养需要的人才。教育理念在很大程度上受到传统的工业化思维的支配。这种工业化"流水线"思想催生的教育模式，强调规模化、标准化的教育。因此，形成了现在的班级制教学，教师授课的内容、进度都是一样的，不会因每个人的学习进度以及掌握情况进行调整，学生们被动接受知识、做笔记、复习、应付考试，而学校衡量学生是否合格的标准主要是成绩。然而，大规模标准化教育并没有关注到每个学生的差异，因为每个学生其实都是一个独立的个体，由于每个人对知识的吸收程度和学习方法并不相同，所以每个个体的学习进度也是不同的。

教师很难发现学生的个性化需求，更不会针对学生的个性化需求进行处理。

　　未来社会对人才的需求是具有处理复杂问题的能力、沟通和协作能力、创新能力的人才，而具备这些能力的人才按照现在的教育理念和模式是很难培养出来的。人工智能的发展为实现个性化培养带来了机遇，在未来的教育理念中"个性化"将会不断得到加强，因材施教，让每个受教育的人都能够在自己擅长的领域充分发挥自己的所长是未来教育努力的方向之一。人工智能将突破时间和空间的约束，可以根据每一个学生的学习需求、个性特征和认知特点为学习者提供个性化、定制化的学习计划，推送适合学习者的个性化学习资源，提供个性化的学习帮助，实现"因材施教"的理想。

（3）从应试教育到全面发展教育

　　在现在的教育制度下，考试成绩是评判"好学生"和"差学生"的非常重要的标准，也是升学、就业选拔人才的标准，因此无论教师、家长还是学生都非常重视考试成绩。从小学、高中到大学，为了升学考试进行学习已经在学生心中根深蒂固，进入大学校园后也难以改变。由此导致学生和家长的关注点也过多地集中在学习成绩上，应试教育的观念深入人心。在以应试教育为目的的教学过程中更多的是关注课堂教学质量以及考试成绩是否提高，却忽略了对学生在步入社会中更重要的素质，包括思想道德、心理素质、创新能力、与人沟通交往能力的培养。对学生的培养更多的还是停留在注重知识教育的阶段，素质教育方面缺乏创新。

　　随着人工智能的发展与应用，许多曾经需要人熟练掌握相关知识才能完成的工作将会被智能化机器所取代。未来许多工作将会由机器人来完成，社会稀缺的将是富有人文精神的人才，他们除了掌握知识与技术之外，还具备沟通、组织协调、创新等方面的能力。因此，未来教育将更加注重培养综合素质，既包括学习的能力，还包括理想、信念、道德、文化，从而使学生能够成为德、智、体、美等全面发展的人才。未来不仅可以实现对于学生的素质教育，甚至可以实现学生的全面发展，这将会是对于素质教育的更高一层次的升华，全面发展的观念也将持续存在于人工智能教育发展的整个阶段，指引新时期教育不断前进。

2. 人工智能对教育模式的冲击和影响

人工智能的发展对现在的教育模式产生了冲击和影响，传统的教育模式正在变革，世界上很多学校正在创新变革传统的教育模式，有些学校已经有了未来学校的影子。未来在人工智能的冲击和影响下，教学模式、教学评价方式、教学管理及教学环境等都会受到冲击和影响，并逐渐建立起新的教育模式、教育生态以适应未来人类社会发展的需求。

（1）教育模式不断创新

传统的教育模式被称为"工厂模式"。在传统的"工厂模式"下，学校培养人才类似于生产流水线生产产品，培养的人才趋于标准化。学校的教材与内容、进度与课程、教学方法以及评判标准都是固定不变的或者变化很微小的。在这种教育模式下也有个别学校尝试过创新，但收效甚微，主要原因在于这种创新不是对教育模式的重构，只是对教育模式的完善。因此很难有更大的改变。但在人工智能技术的影响下，出现新的教育模式，彻底改变现在的教育模式，教育模式将被重构。未来教学将突破时间以及空间的限制，跨时空、跨地域的交互式教学、项目式教学都将成为可能，教育模式将不断创新。传统教学是基于班级授课制，以教师、教材、教室为中心的知识传授模式。人工智能时代教学是基于广泛学习资源，以学生、问题、活动为中心的能力培养模式。

随着人工智能时代的到来，数字化技术与人工智能将逐渐发展为更为有效的工具，可以使每个学生解决自己的学习困难，并根据自己的情况建立适合自己的学习机制。在全新的教育模式下，学生不再是被动学习，而是拥有了更多主动权，可以根据自己的兴趣爱好选择学习的内容，按照适合自己的进度制订学习计划，主动地创造适合自己的教育产品。各种数字化工具的出现，让学生能够自己制作多媒体教育资源，成为教育资源积极的生产者和传播者。未来的教育模式中，传授知识的比例将会下降，随之而来的是实操和讨论课程的增加，尤其是交互式学习、分享与讨论。随着知识不断更新拓展，知识的复杂度、融合性不断增强，信息呈爆炸性增长。

（2）教学评价方式变革

现在的教学评价方式单一，并且具有很强的主观性。现在的教学评价一般会选取特定的已经很成熟的指标作为评判标准对教学进行评判。教学评价一般分为对老师教学成果的评价和对学生学习成果的评价两类，无论哪类评价，其中一项重要的标准都是学生的成绩，并且对成绩的界定范围非常小，没有考虑学生的全方面发展。并且现在的教育评价方式非常具有主观性，比如针对学生成绩的打分，不同的教师对于学生成绩的打分具有很大的主观性。另外，当前的教育评价体系指标单一且只关注结果，不注重学生成长的过程。

人工智能技术将彻底改变传统的教学评价方式。人工智能时代教学评价标准将不再单一，评价方式更加多元，评价手段也将更加丰富，从而使得整体评价更加科学，进而能够获得更加客观、准确的评价结果。人工智能时代学习成绩不再是衡量学生学习好坏以及教师教学质量优劣的唯一硬性指标。除了学习成绩，创新能力、想象力、好奇心等因素都被考虑在其中。人工智能技术如大数据、区块链、VR、AR等丰富的教育评价手段，促进教育评价的转型。[①] 人工智能技术更加注重学习的过程、全面发展等全方位教育质量的评估，从而让学生更健康、全面、个性化发展。基于人工智能技术建立的智能教学助手和智能评测系统的协同工作将会提供更加客观、科学的教学评价。同时，智能化的教育评价系统还可以为学生提供适合于该个体的全面的学习诊断，再为其配备好精准的学习干预，从而真正在教学的过程中实现规模化与个性化统一，创造更好的教育生态。

（3）教学管理水平不断升级

传统教学管理的效率十分低下，给管理带来了很大困难。传统的教学管理方式对人力的要求是很高的，教师会承担更多的任务和压力。除了日常教学工作外，教师还要负责许多管理工作，比如日常课程的安排、教育任务的规划和布置，等等。人工智能时代的到来为教师减轻了负担，教师不再承担简单重复的教育管理，而是将更多的精力放在如何更好地完成教学任务上。在人工智能快速发展的大背景下，智能化管理平台系统的运作将会带来极大的便利。

---

① 伍海云，范涌峰．变与不变：人工智能时代教师专业能力重构［J］．教育评论，2020（02）：108-114.

　　智能化管理平台系统包括几乎所有教与学相关功能，能够满足教与学的需求，实现了对学生和教师评价、教情和学情分析、学业预警、安全管理和后台管理等智能化管理，操作非常简单。不需要教师同时兼顾教学和行政任务，管理部分只需要交给管理系统即可。此外，人工智能在教育管理的信息化、数据化、透明化、可视化及合理性等方面发挥了巨大的推动作用，进一步建构和完善教育管理监督与纠偏体系，使教育管理更具前瞻性。①

　　在人工智能快速发展的背景下，教育管理制度在不断优化。人工智能的发展甚至对教育的外延都产生了极大的影响，特别是随着教育资源的整合与共享、教育模式的创新与应用、教育主体的交互与协作，以教育管理为核心，通过人机交互、数据转换和信息识别等技术，从而实现管理、查询、咨询、监控的有效协调，达到对整个教学系统智能化管理的目的。

3. 人工智能对教学环境的冲击和影响

　　人工智能将使教学环境进行深刻改变。人工智能技术的应用将全面改变教室形态、课堂教学环境、校园环境等，线上线下一体、课上课下衔接的高度数字化、智能化的教学环境将全面普及，必将迎来学习空间的重构。人工智能与人类智能的高度协同，可大大提高教学环境的个性化服务水平，为实现泛在学习提供良好支持，加快人工技术在教育领域的应用，使教学环境更加实践化和体验化。

　　首先，人工智能技术发展打破了时间和空间的限制，学生可以自

_____

① 赵熙敏，李丽.人工智能时代教育的认知、变革与发展 [J].广西社会科学，2020（06）：173-177.

主选择学习的时间和地点，改变传统的教学环境。在这种打破了时空限制的课堂中，教育又有了全新的发展。未来会有多种形式的学习，线上和线下学习都会存在。未来师生面对面的课堂教学和现在的课堂教学相比会有更多的交流和体验活动。学生自学和面对面交流与讨论并存，老师和学生之间及学生和学生之间会有更多有针对性的讨论和研讨。学生有更多的时间进行探究性实验，有更多时间进行艺术鉴赏和创作。学校会组织更多的社会实践，开展更多的活动丰富学生的体验。学生学习更加自由主动，改变当前课堂学习被动的状况。

其次，学习环境更加智能化。人工智能与教育深度融合，使数字教育资源在人工智能技术支持整合下形成多学科交叉的立体网状知识体系。数字教育资源的多形态实现功能聚合，并依托个性化引擎向学习者提供适应性学习资源环境。人工智能技术能够推动虚拟科技馆、虚拟博物馆、虚拟实验室等虚拟仿真学习资源环境与适应性学习资源环境进行融合，为学习者提供高沉浸性、临境感与系统化的学习环境。人工智能技术将推动智能伙伴、智能教师等各种智能角色出现，并融合到智能学习资源环境之中，使学习环境更加智能化。[①] 此外，学习空间不断拓展。未来的学习空间将由教室、课堂逐渐拓展到室外和课外，除了实体的物理空间还有虚拟的空间。学习形式丰富多样，正式与非正式学习交织在一起。

总之，人类教育史上每一次重大变革的背后都离不开工业革命的巨大推动作用。只有大力发展生产力，才能实现教育在一个时代的突破性进步。当前，人工智能进步突飞猛进，甚至被誉为"第四次工业革命"，这必将推动教育又一次革命性变革，给教育带来前所未有的

冲击。本章主要在宏观方面对这种冲击从理念、模式以及环境角度进行了相应介绍，接下来还将从更加微观的层面对人工智能下的教育展开更加深入的讨论，具体将从教师与学生、家长与学生、素质教育、个性化教育、教育公平以及机遇与挑战等方面展开更加详细的介绍。

第3章　人工智能给教育带来的机遇与挑战

人工智能与教育的融合将加速教育的变革，对学校管理、教学方式及学习方式等都会产生深刻的影响，人工智能最终会对教育进行重塑。人工智能能够减轻教师和学生的负担，把教师和学生从痛苦中解救出来，同时会解决工厂教育模式的局限性，实现大规模个性化培养、实施全面的素质教育及有效解决教育公平的问题。这些问题在工厂教育模式下是很难实现的。但与此同时，人工智能会引发一些新的问题。例如，人工智能技术应用过程中短期内可能加剧不公平，产生新的数字鸿沟，人工智能也会对教师和学生提出新的挑战。教师必须具备新的技能和素养，学生必须改变现有的学习方式，养成自主学习的习惯，具备解决复杂问题的能力等。因此，应针对人工智能的影响抓住机遇迎接挑战。

第1节　人工智能给教育带来的机遇

人工智能的发展会重塑社会和教育，给教育带来很多的机遇。人工智能能够减轻教师和学生的负担，把教师和学生从痛苦中解救出来，同时会解决工厂教育模式的局限性，实现大规模个性化培养，可以实施全面的素质教育及有效地解决教育公平的问题。这些问题在工厂教育模式下是很难实现的。

1. 减轻教师和学生的负担

教师工作内容很多，除了教书、育人之外还要承担很多行政工作，尤其是中小学教师年复一年地重复相同的工作，不仅时间紧，工作量还大，这使他们感觉疲惫不堪，工作负担很重。人工智能技术如图像识别、语音识别、人机交互在教育领域的应用减轻了教师的负担。教学过程中一些流程化、重复性的工作，可以由人工智能来代替。如通过人工智能相关技术实现自动推送适合不同学生的个性化学习方案、作业和试题，并能够自动批改；辅助教师进行口语测评和纠正改进学生的发音；协助教师为学生进行在线答疑等。人工智能技术在教育领域的应用，可以大大减轻教师的负担，把教师从简单、重复性的工作中解放出来。

未来人工智能根据每位同学的具体情况选取适合的学习材料，学生分心或者离开时，它能够及时做出调整。此外，它还会不断对学生的学习进度进行监测和评估，在中央寄存器上记录他们的分数和表现，确保父母能充分了解子女的学习状况，同时将数据提供给学校领导和政府相关部门，确保学习的进度。通过人工智能对学生进行评估，教师就不用在练习册或工作表上给同学打分了。人工智能减轻了教师的行政负担，让他们可以有大量的时间和精力与学生交流，教学变得更有吸引力，更有成就感，也更有激情。人工智能将真正为教师开拓一片疆域，让他们成为应有的样子，激励学生更好地学习和生活。

当前应试教育仍占学校教育的主流，考试分数成为学生评价的主要标准。工厂化的教育模式培养出来的学生是同一标准，因为就像流水线生产产品一样，学生培养过程中教学目标、教学大纲、教学计划、教学内容等都一样。学生为了毕业取得好的成绩，不断重复刷题，这样学生很难体会到学习的快乐。为了取得好成绩进入理想的大学，学生们压力很大、负担很重。未来人工智能技术可以通过挖掘学生的各种数据，根据学生的个性、兴趣等，设计个性化的课程，大大减少学生的简单重复学习，让学生学习变得非常快乐。

人工智能也会在学生的学习过程中找到学习难点、重点及其不足，根据学生的学习情况及时调整学习计划，推送相关知识点的视频和习题等，实现更有效率及针对性的学习，帮助学生取得更好的学习效果。随着人工智能的发展，未来学习记忆也不会那么枯燥，游戏化的学习方式使得背课文、背古诗、背单词变得非常有趣，变得较为容易，记忆不再是学生学习过程中很痛苦的事情，学生不会再为大量的记忆而发愁。记忆在未来教育中不再是主要任务，教育的主题将是创新能力的培养、生命价值及意义的探索。在未来学习过程中，每个学生都能够发现自己的潜能与天赋，根据自己的特点进行自主学习，享受学习乐趣。

总之，人工智能效率非常高，能够取代简单重复的劳动，使人类智慧向高端劳动迁移。很多简单的脑力劳动可以被人工智能取代，人类的智能被解放出来，去处理更多复杂智能才能处理的事。

2. 实现大规模个性化教育

工厂教育模式下，实现了教育的规模化，在一定程度上提升了教育效率，实现了大众教育的普及，但没能实现学生的个性化培养。大规模培养和班级制使得同年龄学生一起入学，一起学习，学习的进度相同。这种模式下学生不能按照自己的最佳速度学习。如果教师课讲得比学生自己的进度慢，学生就会产生厌倦懈怠；如果教师讲得太快，学生又会跟不上教师讲课进度，很容易挫伤学习信心和动力，也不敢向老师提问或寻求帮助。

人工智能技术进步能够实现大规模个性化的教育模式，人工智能相关技术能帮助每个学生制订自己的学习计划，针对每个学生的学习评价不再是按照分数排名。人工智能对每个学生的知识掌握情况非常了解，充分掌握每个学生的进度，并根据每个学生的情况绘出学习曲线。每个学生都能按照自己的速度进行学习。人工智能能够很清楚地了解每个学生的学习状态，能够使用最佳鼓励方式，帮助学生选择最契合学年里每一天所学的知识。人工智能时代"因材施教"成为可能，个性化学习、定制化学习等将成为未来的学习方向。

工厂模式下的教育是一种标准化培养模式，培养方案、教材、讲授内容、考核标准、管理等都是一样的，培养出来的学生会出现同质化问题。人工智能改变了这种束缚学生个性的教学模式，中小学生和大学生可以有更多的时间和机会去探寻自己的看法，也有了更多的时间和机会去倾听别人的想法并做出反馈，这和工厂模式完全不同。在人工智能时代，学生们将会有更多了解自己、认识自己的机会，并在生活中发现更多的意义和乐趣。

美国的一些学校已经开始尝试个性化人才培养模式。每个月家长会收到老师的一份关于自己孩子的个人发展报告。每个学生根据这份报告制订学习计划，这样每个学生所学习的课程内容是不同的。未来人工智能时代学生可以自己选择什么时候上学，可以选择上课时间，也可以选择上课地点、上课方式、课程内容及与谁一起学习，学生们可以按照自己的目标、定制的个性化学习内容以及自己喜欢的进度学习。既可以集中在一段时间学习，也可以在社会上工作了数年再返回学校学习，学习方式更加灵活。人工智能的发展，突破了学习的时空限制和内容的限制，使学习更加容易和有趣，因此终身学习容易实现。[①]

3. 可以全面实施素质教育

随着人工智能的不断发展，应试教育变得越来越不重要，素质教育就会变得越来越重要。人工智能高度发展的时候，替代了很多简单、重复及低级思维的活动后，把人类推向更高阶思维，素质教育的内涵也不断拓展。人类在创造力、人文精神及解决复杂问题的能力方面有更高的要求，因此必须重视素质教育。在提供素质教育的过程中，人工智能可以帮助教师和学生降低练习和反馈部分的成本并有效地提升效率。未来教育能够根据每位学生的基础个性化推荐，真正精准找到学生的弱项，提升学习的效率。未来教育具有个性化、情境化、数据驱动等基本特征，在提高教学效率的同时可以有效地拓宽智力教育的范围。

在工厂化教育模式下，中小学和大学的教育都只专注于人类智力发展的小部分内容。而学习这些内容占用了学生的大量时间，把教师和学生搞得筋疲力尽，很少有时间和精力去学习其他知识。尽管有些机构可以为孩子提供更加丰富的教学内容，如情感发展、体育锻炼、艺术培养和道德熏陶等，但是一方面学生腾不出更多的时间学习这些内容，另一方面这些机构提供的内容往往只有家庭条件好的学生才

---

① 沈娟.人工智能时代教育改革创新研究［J］.社会科学动态，2020（02）：85-90.

能够学习。尽管这些家庭条件较好的孩子在生活中拥有更好的学习机会，但这些孩子需要付出更多的时间去学习，他们的负担更重，压力更大。

人工智能能够为学生们提供更加丰富多彩的知识，能更好地提升每个孩子的认知能力。人工智能不仅提高了教学效率，还能够提供个性化的学习，只要加快语言和逻辑教学的速度，学生就能腾出更多的时间和精力来开展其他活动。而目前，学生必须在规定时间内完成课程任务，因此很难腾出时间来开展其他项目，至少在现在的教育模式下，时间是永远不够用的。游戏、音乐、戏剧、舞蹈、创意写作、绘画、艺术史、阅读、哲学和志愿服务，这些课程都将在未来的中小学和大学中大放异彩。学生会有更多的时间和精力去学习这些人工智能很难替代的、具有创造力和人文精神的学习内容，拓宽教育的范围，实现真正的素质教育。

同时，人工智能在学生的"多元"智慧培养上起着重要的作用。学生会有更多的时间和机会来增强道德意识，丰富自身情感，培养个人爱好。人工智能技术还能测试学生的思考能力和反应能力，因为他们可能不愿意在课堂上当着全班同学的面这样做。人工智能设备还能提升他们的个人智慧和社会智慧，增强他们的自信，让他们更出色地与世界相处。创意智慧，也就是艺术和体育的培养，则主要靠的是学生间的肢体互动。而它们的理论基础，像锻炼、舞蹈编排、运动技巧和音律和弦这些，都将在人工智能的帮助下大大提高。

4. 能够有效解决教育公平

学生先天是有差异的，各个学生都不同。在进入学校之前，学生父母和家庭环境、条件，以及父母对孩子教育的态度和能力不同，因而对每个学生的影响不同，造成了各个学生的差异越来越大。而不同的学校经历更是加大了学生之间的差异。将普通中学和重点中学相比较，我们就会发现，教师的素质和经验、学校的师生比例、课上的行为和动机、学习的进度和目标以及学校与家庭之间的交流等全都存在很大的差异。在应试教育的背景下，这种差异导致未来学生升入大学的差异，普通大学和著名大学也存在很大的不同，进一步扩大了这种差异。造成这样的结果主要是因为教育资源的稀缺性以及教育公平问题。

当前工厂教育模式下，教育资源的差异主要是不同学校的教学质量不同，影响教育质量的主要因素是师资力量、班级规模和教学硬件等。随着人工智能的发展，能够为所有学生提供"伊顿"（英国著名贵族中学）式的高质量教育。

首先，在师资力量方面，通过人工智能技术能够突破时间和空间的制约，每个学生都能享受到同样的师资授课和课程资源，缩小了在师资和课程资源上的差异。例如未来 AI 教师能够了解学生的思想，能按照最合适的速度为他们单独授课，还知道如何激励他们，了解他们什么时候会疲倦，什么时候会注意力不集中，好把他们拉回到学习中。这些人工智能老师的教学能力都很强，和世界上任何学校、任何班级里最优秀的老师比起来都毫不逊色。

其次，在班级规模方面，人工智能技术使得未来学校的孩子不需要在 30 人以上的教室里集中学习、学习同样的内容，因为这会忽视学生的个性化的需求，而是进行一对一学习、个性化的学习。根据学生的学习进度也可能会被分到不同的班级，班内有 10 个、20 个，甚至更多，主要是因为这些孩子学习内容相同，但每个学生都能享受个性化的学习计划。每天他们都会花一些时间来使用计算机或者听音频进行自主学习，剩下的时间进行讨论和交流。

最后，AI 教师全面掌握每个学生的学习情况，了解他们的心理状态，并能够帮助他们完成学习任务。教师和 AI 教师则需要在课堂上监督每个孩子的学习状态，掌握每个学生的学习进度，组织提问讨论。同时还需要组织课内外的各种实践活动。人工智能技术能使学生学习更容易，更有效率，进度更快，学习更轻松、快乐。最好的老师和最小的班级也不再是少数人的特权，世界各地具有不同背景的孩子都能享受到优质的教育服务。

总之，在现在的教育模式下，学生都觉得上学只是为了履行义务，而不是为了自己。存在着一种错误的观念：只要离开了学校，就不用学习了。人工智能帮助更多人发现学习的乐趣，保持他们的好奇心，培养终身思考的习惯。学习是无止境的，充满了无穷无尽的魅力。

第 2 节　人工智能给教育带来的挑战

人工智能给教育带来诸多发展机遇和好处的同时，也给教育带来了挑战和威胁。与此同时，人工智能会引发一些新的问题。例如，人工智能技术应用过程中短期内可能加剧不公平产生新的数字鸿沟。人工智能减轻教师和学生负担的同时也会给教师和学生提出新的挑战。教师必须具备新的技能和素养，学生必须改变现有的学习方式，养成自主学习的习惯，具备解决复杂问题的能力等。

1. 对人才培养模式提出挑战

当前人才培养模式是工业化的产物，实行的是工厂教育模式，采用班级制管理方式，教材、课程、管理等是统一的，其主要目标是满足工业化人才的需要。这种人才培养模式以传授知识和技能为主，因此某种程度上将人才培养等同于学生知识的传授。传授知识、学习知识和考查知识贯穿人才培养过程，在应试教育的环境下几乎成为教育的全部内容。并且随着学科的细分，学生掌握的知识越来越不全面、不系统。按照这种模式培养的人差异不明显，同质化严重，缺乏创造力和创新性，不具备处理复杂问题的能力。人工智能时代不仅人与人之间存在竞争，人与机器人之间也存在竞争。未来人工智能时代，按照现在的人才培养模式培养出来的人才将不具备竞争优势，会被人工智能所替代。

传授知识只是人才培养的一个重要方面，不是人才培养的全部内容。未来人工智能时代对人才素养要求更高，因为人工智能对于知识记忆和积累更有优势，可以替代人类一些简单重复性的工作。未来人类必须具备好奇心、创造力、解决复杂问题的能力、良好的沟通和协作能力及人文精神等人工智能缺乏的素养，才能够满足未来社会的需求，同时才能使用、管理好人工智能为人类服务。人工智能时代会重新定义知识和能力的价值，必然从学习知识转向能力培养。目前的人才培养模式不能满足未来社会的需求。因此，随着人工智能迅速发展对当前的人才培养模式提出了严峻挑战。

2. 对人才培养主体提出挑战

人工智能时代对人才培养的主体，即学校和教师同样提出了挑战。首先，未来学校会发生很大的变化，无论校园环境还是组织机构、管理都将发生很大变化。因为工厂教育模式将不复存在，未来个性化培养对学校和教师的要求发生了变化。未来学校环境越来越优美，空间更加智能化，学校组织结构扁平化、网格化，管理智慧化，以满足未来个性化人才培养的需求。同时，学校未来可能成为学习中心之一，不像现在这样相对封闭。人工智能时代，随着人才培养模式的变化，学校的方方面面都会发生变化，以满足人工智能时代的需求。

其次，人工智能时代对教师也同样提出了挑战。人工智能时代对人才的需求发生了很大的变化，因此教师不能按照现在的模式进行人才培养。人工智能时代教师的部分职能会被人工智能所替代，会出现AI教师。因此教师的角色发生了转变，从传授知识为主转变为以育人为主，主要培养学生的好奇心、创造力、解决复杂问题的能力，以及良好的沟通和协作能力、人文精神。这对教师的职业素养提出了更高的要求，教师必须具备使用人工智能的素养。

教师为了有效地使用人工智能技术，必须具备这几个方面的能力。首先，了解人工智能系统是如何改善学习的，从而使他们能够作出正确的价值判断。其次，要掌握数据分析技能，并能对数据进行收集、整理、分析等。然后，能够利用人工智能来完成简单、重复性的工作，腾出时间去做如情感交流、人际交往等其他工作。最后，培养学生获得那些可能不会被机器取代的技能和能力。教师只有能够积极应对和主动反思人工智能时代人才培养的新任务，才能使得自身和未来培养的人才在与人工智能的竞争中更具优势。①

3. 对制定人工智能教育政策提出挑战

人工智能的全面发展会对现有教育体系产生重大影响和冲击，教育体系面临着重构，因此涉及教育制度和政策的制定。教育部门既是人工智能政策的制定者，也是人工智能的应用者。因为一方面人工智能使教育产生深刻的变革，能够解决目前教育中面临的一些问题，能够使教育体系提升效率发挥更大的作用。另一方面，人们期待未来教育能够培养符合时代要求的人才。目前人工智能在教育领域的应用，私立教育机构占相当大的比例，并且发展相对超前。各个国家政府要规范管理这个市场必然要制定相关的政策措施。但是目前有关人工智能教育政策的制定刚刚起步，并且针对的是全新的领域，无法应对人工智能创新的速度。

政府在制定人工智能的相关政策时，要与企业和协会建立合作关系，以扩大人工智能生态系统，同时在充分调研的基础上，制定科学的人工智能教育政策，这样既有利于政府的宏观管理，又有利于人工智能的健康、快速发展，使对人工智能的管理在规范、可控的范围内。政府公共部门在复杂的技术层面创新非常困难，因此必须借助企业和行业协会的力量。政府对人工智能产业支持的同时，对人工智能教育方面的人才培养提供政策、资金支持，培养一批人工智能教育专家。利用人工智能的相关技术释放在教育方面的潜力。通过建立国家人工智能教育政策和国际人工智能教育政策合作良好的伙伴关系促进人工

---

① 谭维智. 创新人才培养：人工智能时代教育的重要使命[J]. 中国德育，2019(17)：7-9.

智能教育可持续发展。

4. 对教育全纳和公平兼顾提出了挑战

人工智能对教育的影响不是一个学科、一个环节的影响，而是全新的、全方位变革。人工智能未来会重塑教育，解决当前教育中存在的一些问题，如教师和学生负担重的问题、学生素质教育和个性化培养的问题，在教育公平的实现上能够发挥更大的作用。一方面，在解决区域之间、学校之间的师资力量、课程资源等的差异方面，人工智能能够有突出的表现。另一方面，在解决家庭之间、普通学生与特殊学生（如残疾学生）之间的教育差异方面，人工智能相关技术能够更好地帮助特殊学生解决学习中遇到的一些问题，缩小与普通学生的差距，有利于实现教育公平。另外，人工智能重塑教育也有利于家庭之间差距缩小。人工智能应用能够更好地实现教育公平，但必须以全纳为前提条件。

人工智能发展在教育领域的应用，需要一些高科技设备来实现。这些设备和相应的配套设施需要大量的资金投入，如果没有把这些技术和设备在不同地区、不同学校及不同家庭之间进行合理的分配，或者说新技术、新装备的应用没有实现全纳，则不仅不会实现技术进步本身所带来的教育公平，还有可能加剧现有的不平等。因为边缘化和处境不利的人口更有可能被排除在人工智能教育之外，其结果是产生一种新的数字鸿沟（Hilbert，2016）。人工智能教育的核心价值是全纳和公平。因此在制定政策时，应充分考虑全纳和公平相关的问题。

5. 数据收集、使用对法律和伦理提出挑战

人工智能系统应用效果主要取决于高质量的数据，如果数据不准确、不可靠或者没有开放、更新，甚至没有考虑到不平等，如年龄、性别和社会经济背景等，基于这样的数据分析出来的结果不能反映真实世界的情况。因此，人工智能技术再怎么先进、完善，如果没有高质量的数据也不能发挥应有的作用。所以，人工智能教育发展的前提和基础是高质量、开放和包容性强的教育数据。但是教育数据的大规模收集、使用、分析及传播过程对法律和伦理道德提出了严峻的挑战。如很多的教育机构通过使用人工智能技术接受或拒绝学生，这种方法缺少可解释性，存在不公平对待的问题。有关数据伦理的讨论主要关注数据安全性和隐私，但在使用个人数据的同时还要做到很好地保护，这是一大挑战。然而，目前除欧洲以外，其他地区只有不到30%的国家制定了全面的数据保护法。因此，在人工智能教育发展中需要明确数据收集、使用和传播方面的法律和伦理道德。[①]

此外，过度依赖人工智能而忽略教师的知识、经验和脑力劳动、学生的学习能力和创新思维，可能导致教师教书育人的能力下降，而学生失去独立思考的动力和训练，沉溺于工具的完备性而不能培养健康全面的人格和品行。因此，人工智能与教育的融合必须坚持以人为本。《北京共识》指出："人工智能的开发应当为人所控，以人为本，人工智能的部署应当服务于人并以增强人的能力为目的，人工智能的设计应当合乎伦理，避免歧视，公平、透明且可审核，应在整个价值

① 任友群，万昆，冯仰存.促进人工智能教育的可持续发展——联合国《教育中的人工智能：可持续发展的挑战和机遇》解读与启示[J].现代远程教育研究,2019,31(05):3-10.

链全过程中监测，并评估人工智能对人类社会的影响。"① 所以在人工智能与教育融合的过程当中，立德树人仍然是根本任务。制定保护法规和监管框架，保证对学习者进行合乎伦理的、非歧视的、公平、透明、可审核的使用非常重要。

---

①　陶西平．人工智能与教育的深度融合会给教育带来哪些挑战？[EB/OL]．http://www.sohu.com/a/349627885_113042.

未来学校将变成什么样子？

第4章 学校未来会发生什么样的变革？

人类社会发展到一定阶段，学校才开始出现。伴随着人类社会的进步与发展，学校也不断发生变化，学校的形态也绝不会像今天这个样子一直存在下去。学校形态会随着技术变革、社会发展而改变，出现新的形式和状态。只要对学校发展历史简单地了解一下就能发现这个规律。

在原始社会，教育是在生产劳动的过程中实现的，其主要内容是传授渔猎、农耕、钻木取火等生存的本领。原始社会的教育既没有固定的场所也没有专职的人员，因此也不存在学校。随着生产力的发展出现了学校的萌芽。学术界对世界上最早的学校有不同的看法，但不可否认学校的出现是人类文明进步的结果。中国也是世界上较早出现学校的国家之一。有人认为，父系氏族公社末期的"成均""庠"是我国学校的雏形。到了奴隶社会的夏朝，我国才出现真正意义上的学校，被称作"序"和"校"。最初的"序""校"的教育内容主要与军事目的相关。到了商代学校的形式有所发展，出现了针对不同年龄阶段的学校，小学和大学有了区别，教育内容也逐渐丰富，具备了"六艺"的雏形。①

西方现代教育制度是伴随着工业革命的发生而出现的。工业革命

---

① 朱永新.学校的历史发展与未来展望（上、下篇）[J].河南教育：基教版（上、下），2016（06）：4-6.

使生产力和生产方式发生了变革，西方国家从农业社会变成了工业社会。为了满足工业化生产的需要，劳动者必须接受系统的、实用性学校教育，因此现代学校制度应运而生。19 世纪初，与工业社会相匹配的学校制度初步建立起来。

中国第一所具有现代意义的学校是京师同文馆。但第一个提出现代学校制度的人是晚清官学大臣张百熙，他拟定了《钦定学堂章程》。这个章程还没有实行，清政府又命张百熙、荣庆、张之洞重新拟定了《奏定学堂章程》，被称为"癸卯学制"。它涵盖了普通教育与职业教育、从幼儿教育到高等教育的完整教育体系。现代中国的教育体系和学校制度是按照这个章程建立起来的。

中国没有与西方国家同步进入工业社会，但西方现代学校的教育制度被中国所借鉴。中国建立起来的现代学校教育制度为普及大众化教育做出了巨大贡献。未来，随着技术的进步和人类社会的不断发展，现代的学校制度不断受到挑战，学校的形态也会不断发生变化，这是人类社会发展的必然规律。

从学校出现到不断发展，学生的学习环境也不断在变化。从校园环境、学校建筑到教室的布局，从教师使用的教学工具到学生使用的学习用具都不断在发生变化。未来人工智能时代，学校将发生彻底的改变。未来学校的环境会越来越优美，学校更加智慧。一方面在校园建筑及环境方面越来越优美，实现人与自然的融合，同时体现出人文精神；另一方面学校的整体空间更加智慧化，组织架构更加扁平化，管理更加自动化、科学化，形成虚实融合的智慧生态环境。

第 1 节　学校环境更加优美

人工智能技术的发展及应用会对学校产生巨大的影响，会彻底改变今天的学校。不仅仅使学校变得更加智慧化，还会让学校的环境更加优美，建筑更加具有艺术性，处处体现出人文精神，展现科技与艺术的完美结合、人类的伟大。正如中国教育科学研究院研究员陈如平所说："人工智能时代，我们更应该借助信息技术建设有人性、有温度、有故事、有美感的学校，打开学校新样态发展的正确方式。"①在人工智能时代，创办以学生为中心，体现思想美、艺术美、知识美、青春生命美的学校，更具有时代意义。

如果把今天的学校比作"教育工厂"，那么未来学校就是"现代开放的办公室"。未来学校的环境、建筑、教室更加人性化、个性化及体现人文精神。学校自然环境、建筑、教室、桌椅等各方面都会发生大变化。未来教室将从普通的教室变成灵动的学习空间，目前世界上的很多学校都已经有了它的影子。

印度金奈河湾学校展示了未来学校的愿景。学校创始团队认为学生取得的成就与情商、个人幸福感及良好的人际关系密切相关，因此希望能通过修建基于乡村理念的新型建筑来提升学生的幸福感，这样能促进学生间的人际关系和学术进步。该学校的建筑师库拉尼说："这所学校的中心是一个广场，可以学习、玩耍、思考、生活和耕作。密集的人行道、户外的亭台楼阁、传统的四合院，学校的方方面面都能

---

① 吴绍芬.人工智能时代，学校何为？［N］中国教师报，2019-05-01（12）.

鼓励同学社交。"学校内部用玻璃隔开，设有许多相通的分区，学校将使用包括机器人在内的最新技术，让它与学校的社交核心完美融合。学校不会修建工厂时代那种毫无个性的学校建筑，而会采用富有活力的自然建筑风格。①

未来学校将更加注重整体的设计，设计理念更加注重以学生为中心，体现科学性、艺术性，更能体现人文精神，环境更优美。在设计、建造学校时会根据当地的地势、地貌进行修建，让校园内外都能绿树成荫。学校的能源和水资源也由本地提供，学校的部分食物来源于由学生亲自种植的农场、果园。校园里还会饲养一些小动物，学生可以帮忙照顾它们。让学生们了解自然、亲近自然。学校内部设有许多大型的开放区域，有很多座位可以移动，学生们既能在其中独立学习，又能在指定区域做项目，参加研讨会，或是开展小组活动。

学生用部分时间使用人工智能设备、软件，根据个性化的学习计划，进行自主学习，其余时间可以和同学在老师的指导下开展共同感兴趣的项目及参加各种体育锻炼、娱乐活动等。校园里有专门的艺术和体育活动场地，这两个领域对未来学校非常重要。此外，还有一些区域是为学生进行思考准备的。而这种教育理念就是"好奇心""创造力""个性化""幸福感""多样性"，这样能够尽可能开发所有孩子的潜能，而不是像应试教育那样对学生的潜能进行排序，真正实现因材施教。未来学校的规模比现在的学校相对要小得多，也更加本土化，能够体现当地的历史和文化特色。

未来的学生们除了在学校之外也可以在家里或者社区使用人工智能设备进行学习，这样能够节省往返学校的时间和不便，尤其对那些

---

① （英）安东尼·塞尔登，（英）奥拉迪梅吉·阿比多耶.第四次教育革命：人工智能如何改变教育［M］.吕晓志，译.北京：机械工业出版社，2019.

残障学生更加有好处。但人具有社会属性，学校的存在是为了更好地交流，尽管人工智能在促进情感学习、学科教育和生活方面做得都很好，但从根本上讲，学校仍然是学生最基本的社会活动场所。因此不管未来如何，我们都需要学校。只是学校的环境和给人的感觉会有所不同，不再是像今天的学校这样更像工厂，未来学校环境更加优美，科技感更足，处处体现美感，体现人文精神的元素。

第 2 节　学校空间智慧化

20 世纪末，美国副总统戈尔提出了"数字地球"的概念，此后这一概念被世界所接受，并引出了数字城市、数字校园等概念。随着计算机、多媒体、互联网等信息技术开始进入校园和课堂，原来的黑板、粉笔逐渐变成投影、电脑和幻灯片，学习进入了数字环境时代。但数字时代只是改变了知识的传递形式，并没有真正实现教学的变革。2008 年美国 IBM 公司总裁兼首席执行官彭明盛提出了"智慧地球"的理念，相应的智慧空间、智慧学习环境的概念也应运而生。

1. 智慧空间及其特点

美国国家技术与标准研究院将智慧空间定义为："一个嵌入了计算、信息设备和多模态传感器的工作或生活空间，有自然便捷的交互接口，其目的是使用户能非常方便地在其中访问信息和获得计算机的服务来高效地工作和与他人协同。"并将智慧空间的核心特点概括为如下几点：（1）能识别和感知用户及他们的动作和目的，理解和预测用户在完成任务过程中的需要；（2）用户能方便地与各种信息源进行交互；（3）用户携带的移动设备可以无缝地与智慧空间的基础设施交互；（4）提供多媒体化、丰富的信息显示，能够增强对现实的信息获取；（5）提供对发生在智慧空间中的经历的记录，以便在以后进行分析；（6）支持空间中多人的协同工作及与远程用户沉浸式的协同工作。①

今天的学校从某种意义上说是相对孤立的，本质上不需要和外界进行更大范围的联通，都是相对独立的办学，各个学校形成了不同的学习空间。但随着人工智能相关技术的发展，学生的学习空间突破了时空限制，将虚拟空间与物理空间无缝链接。相对独立的学校通过与虚拟空间链接组成更大范围、更广阔的学习空间。除学校以外的教育企业、专业社会机构所提供的优质教育服务也会与学校链接到一起共同提供优质的资源和服务。与此同时，未来学校将与社区、家庭建立紧密的联系，形成良性互动，共同为学生提供更广阔的学习空间。

未来教育正规学习和非正规学习的界限将被逐步打破，学生可以利用广阔的智慧学习空间和终端随时随地学习和研究。未来学校教育、家庭教育和社会教育也将通过网络融为一体，逐步形成基于智慧学习空间、多方参与的育人新形态。智慧空间能够让学生自主、灵活、个性化地学习。智慧学习空间不仅能够为学生提供更广阔、更方便的学习环境，还重塑、优化了学生学习体验，并且利用人工智能的相关技术准确分析学生的学习情况，最优化地促进学生学习。

---

① 余胜泉.互联网＋教育：未来学校［M］.北京：电子工业出版社，2020.

2. 智慧学习环境

智慧学习环境是相对较为具体的学习空间。关于智慧学习环境的定义，不同学者给出了不同的理解。钟国祥（2007）等认为智慧学习环境是以学生学习为中心，由相匹配的设备、工具、技术、媒体、教材、教师、同学等构成的一个智慧性、开放式、集成化的数字虚拟现实的学习空间，它既支持学生学习的自主建构，又提供适时的学习指导。而黄荣怀、杨俊峰（2012）等人提出智慧学习环境是一种能感知学习情景、识别学生特征、提供合适的学习资源与便利的互动工具、自动记录学习过程和评测学习结果，以促进学生有效学习的学习场所或活动空间。智慧学习环境不仅支持学生的正式与非正式学习，还能从大数据中挖掘出学生的特征，并根据学生的特征信息提供相应的支持和服务。不仅要为教与学活动提供一个智慧空间，还应该提供交互工具作为协作支持，提供数字学伴、数字教师、数字专家等作为社会化的学习支持，提供认知工具作为学习技术支持（余胜泉，2020）。虽然不同学者对智慧学习环境的定义不同，但总体来讲，智慧学习环境以学生为中心，人工智能技术为基础，适应不同学生的学习风格和学习能力，为学生发展和终身学习提供支持的环境。云、网、端一体化的智慧学习空间在具体领域的体现，便形成了典型的智慧学习环境，如智慧教室、智慧图书馆等。

（1）智慧教室

随着人工智能相关技术的发展及学习方式的转变，教室的布局和功能会发生转变。对于中小学来说，教室仍是学习、讨论的活动地点。

但对于大学生来讲，教室不再是学习、讨论的主要场所，于大学生会有更多的选择。课堂教学也逐步由"单一的教师讲授"向"自主、合作、探究"的学习方式转变。因此传统教室空间布局、设计理念、设备设施难以体现"以学生为中心"的思想，满足学生创新能力的培养的要求。①

因为传统教室是在"以教为中心"的条件下设计的，教师是课堂的中心，黑板、粉笔、课本是附属条件，教室采用"插秧式"的布局方式，教师处于教室的最前面，采用讲授的教学方式。"以教为中心"的传统教室能够提高教师对课堂的控制力和教学效率，有利于教育的传播与普及，但是不够灵活，对讲授型的方式较为友好，却不能有效支持其他类型教学活动，同时难以照顾学生差异化，不能体现以学生为本的教育理念。教室布局死板、紧密，不够人性化，既不利于学生心理状态的调整，也不利于师生之间的交流。

"以学为中心"的教室环境下，学生是课堂的中心，计算机、投影仪、平板电脑、电子白板、电子书包等是基础条件，教师是教练、指导者、陪伴者，教室采用小组灵活化的布局方式，教师可以移动并及时给予学生个性化的反馈。学生可以根据教学内容和活动的需要，灵活地移动桌椅开展小组协作活动，平板电脑、电子书呈现的知识丰富生动，同时记录学生学习进度，以便提供及时修正服务。②

在未来教室设计与建设上将先进教育理念与人工智能技术结合以适应未来时代发展的需要。未来教室的设计与建设应符合以下几点：①打破传统教室格局，空间设计感和未来感强，富有创意。②设施先

① 赵文静，曹忠.基于增强现实的移动学习海外案例分析［J］.现代教育技术，2017，27（03）：20-26.
② 江丰光，孙铭泽.未来教室的特征分析与构建［J］.中小学信息技术教育，2014（09）：29-32.

进齐全，智慧化，人性化，交互性强，便于更新和维护，具有高度可持续性。③高速无线网络覆盖，资源丰富、开放，易于获取和共享。④教室功能多元化，适应性强，适合不同教学方式的灵活应用。⑤桌椅等设计符合人体工学，安全环保，有益于人体健康。⑥有完备的安全保护系统。

目前，中国和一些发达国家在未来教室的研究与建设上取得了一定的成果，建成了一些具有代表性的智慧教室并开展了一些教学活动。部分国家在未来教室建设中取得的成绩如表 4-1 所示。

表 4-1　部分国家未来教室建设的主要成绩

国家	教室名称	主要成绩
中国	清华大学 Smart classroom	增强真实感的远程教学环境
中国	卓越公司智慧教室	全自动监控与实时录播
英国	金斯戴尔中学未来教室	电子白板使用普及
美国	MIT TEAL 物理实验室	将教室与实验室相结合，高度互动，强调手动实验
日本	东京大学 KALS	强化学习空间基本设施，整合实践前沿的信息通信技术，支持多种主动学习
新加坡	南洋理工大学 COTF	以"处处是学习场所，不受时间、空间限制"为理念
德国	伊尔默瑙工业大学虚拟现实实验室	与大型企业合作，运行一套强大的虚拟现实系统
丹麦	魔法教室 ORDRUP	打破传统思维，创作有个性表情氛围的学习空间

资料来源：余胜泉，《互联网＋教育：未来学校》，北京：电子工业出版社，2020 年 8 月。

（2）智慧图书馆

未来图书馆是学生活动的主要场所之一。未来图书馆功能多样化，除了学习、阅读之外还会有更多的研讨、休闲空间，图书馆设计更加人性化，空间更加舒适，更富于书卷气、学术与艺术气息相融合以及图书馆更加智慧化，学生在图书馆学习成为一种享受。人工智能技术对传统图书馆进行重塑形成智慧图书馆。图书馆服务机器人的出现，使得图书馆服务进入人机交互的全新模式。

首先，相比传统图书馆，智慧图书馆在人工智能技术支持下能够提供更加个性化的服务，智慧图书馆能够更好地掌握读者的信息和特点、偏好和需求，根据读者的个性化特征提供个性化服务，提升读者的服务体验。

其次，在人工智能相关技术支持下，智慧图书馆能够实现精准服务。智慧图书馆不仅能够提供普适性规模服务，还能够根据不同读者的特征为其提供差异化服务。智慧图书馆能够有效推荐文献资源，提供智能化服务。

最后，智慧图书馆能够实现精细化管理。从传统图书馆的局部的、分散的、静态的、落后的管理逐步到精细化、智能化、可视化等精细化管理。实现智能化整序、网络化协同、个性化定制和全域化延伸。①

总之，智慧图书馆是以数字化、网络化和智能化为信息技术基础，以人与物的互通互联为核心要素，以人为本、绿色发展、方便读者则是智慧图书馆的灵魂与精髓。智慧图书馆的外在特征是泛在，即智能技术支持下的无所不在、无时不在的人与知识、知识与知识、人与人之间的网络数字关系。②

除了智慧教室、智慧图书馆以外，还出现了如创新实验室、创客空间等新的学习空间。人工智能技术的发展突破了时间和空间的限

---

① 王世伟.关于智慧图书馆未来发展若干问题的思考［J］.数字图书馆论坛，2018（07）：2-10.
② 王世伟.未来图书馆的新模式——智慧图书馆［J］.图书馆建设，2011（12）：1-5.

制，拓展了学习空间，改变了学习环境。未来学校越来越重视个性化的空间和学习空间环境的建设，像重视校园文化建设一样。未来学校将重新制定网络政策，加强网络校园文化和智慧学习空间的建设，为学生提供一个健康的、智慧化的校园环境。

第3节　学校组织结构网络化、扁平化

现在学校组织结构中存在着庞大的科层级，尽管能够实现上传下达的功能，但又阻碍了信息无损传播，甚至很多时候会出现令行不达或基层意见无法向企业高层及时、如实转达的情况。当人类从工业时代进入人工智能时代时，现代学校的组织模式显然无法适应未来学校的需求。现在教育的组织结构将被解构、被重塑，未来教育发生重大的结构性变革，包括组织模式、教学模式、服务模式等。学校组织结构向网络化、扁平化的方向发展。

扁平化组织是指以信息为中心，把中间管理幅度加宽，职能加以扩展，将原来的管理层次压缩，允许内部组合多样化，充分调动各层级管理人员、作业人员的主动性和创造性，并表现对环境反应敏锐、决策迅速的一种柔性的企业组织模式。扁平化组织的典型特征是：围绕工作流程而不是部门职能来建立组织结构，纵向管理层次简化，企业资源和权力侧重于基层，顾客需求驱动。

1. 打破传统的教学结构

传统的教学结构是在班级授课制基础上发展起来的。班级授课制具有大规模、标准化、统一的特点。这种教育模式的优点是非常有效率，能够培养符合特定标准的产业工人满足工业化对劳动力的需求，但是不能照顾个体性差异。这种教育模式在人类从农业社会进入工业社会阶段培养了大批人才，做出了很大的贡献。当人类社会进入人工智能时代后，这种传统的教学模式必然被取代。

　　未来教学将打破传统的教学结构，以学生为中心重构教学体系。未来将会打破学科界限和现有课时安排，构建个性化学习的支撑体系。在新的个性化、定制化的教学模式中，学生可以根据自己的兴趣爱好选择课程内容，按照自己的进度自主学习，能够通过学习体验学习的乐趣，更加有动力和信心应对未来社会新的挑战。未来学校将根据学生的能力而非年龄和学习时间等来组织教学，学校将为学生提供更加灵活多样的课程，能够适合学生的个性化需求。①

2. 打破封闭的办学体系

　　现在各个学校办学相对独立，垄断着教师、教学设施、设备和图书资料等资源，其他学校和家庭、社会无法获取这些资源。人工智能技术将彻底打破学校封闭的办学体系。未来学校不再是相对独立的办学单位，而是开放的教学组织机构，是整个教育网络中的一个重要节点。无论在哪个学校，都能够获得优质的教育资源，并且从学校拓展到社区、家庭。未来学校能够获得外部社会的优质教育资源，教育资源的来源多样化，如专业化公益组织、协会、科研院所、大型企业、教育机构等都能够成为优质教育资源的供给者。

---

　　① 余胜泉，王阿习.“互联网＋教育”的变革路径［J］.中国电化教育，2016（10）：
1-9.

未来教育将打破封闭的状态，更多的社会机构或者企业会成为教育优质资源的提供者，如提供优质的教材、教学服务、资金、考试和证书等不同教育资源与服务。未来教育将打破封闭办学，通过构建智能学习、交互式学习的新型教育体系，建立智能综合教学场所和在线学习教育平台。未来学习方式会彻底改变，泛在学习、移动学习成为常态，突破了时间和空间的约束。既可以在教室里学习，也可以在社区公共空间、博物馆、科技馆学习，还可以在家里学习。根据所学课程的需要可以去不同城市、乡村游学。未来学校突破校园的界限，成为教育网络中的一个节点，能够提供良好的学习环境、成长导师和特色课程。

未来的教育是开放的网络体系，数据与信息将成为重要的资源。高质量的数据收集、处理及分析能力将成为每个学校的核心竞争力。学校是教育大数据生态体系的重要一环，能够有效地把班级、实验室、课程等数据信息链接在一起，在教育业务流程中形成连续的数据流，既生产数据又使用数据。这是未来学校变革中应该关注的重点内容，是学校改革非常重要的一环。

3. 打破固化的组织形态

学校是进行系统教育的组织机构，经过多次演变成为现在的形态。在特定的历史时期，发挥着重要的作用。随着社会发展，科技进步，学校组织形态优势正在逐渐消失，而缺陷在人工智能时代会更加明显。尤其是标准化、机械化及组织固化、缺乏创新等方面一直饱受质疑。

人工智能技术的发展和应用将使未来教育的组织结构发生巨大变

化，会打破传统固化的组织结构和形态。在组织结构方面，主要表现为呈网状分布的教育系统结构。未来的教育结构将从传统意义上的"教"与"学"的线性结构转变为教与学共生并存的网状结构，"教"与"学"的界线不再那么分明。

未来的学校从组织形态上来看是自组织的。在未来即时的环境背景数据被测试和感知，教学设计和学习空间设计将纳入更多的情境变量，各种"云服务"将物理上的学校和数字化学习空间无缝链接，学校通过教育组织的再工程（Re-Engineering）将实体的社会网络和虚拟的社会化网络连接在一起。

未来教育将以学生为中心，因此学生会参与到学校的组织管理之中，不仅能够表达学生的意愿，还能培养学生自我管理的能力。不断完善学校治理结构，增加家长和社区在学校决策中的参与度，促使学校从封闭走向开放，学校与社会、家庭形成良性的互动，共同为学生创设多元融合的育人空间。①

总之，人工智能技术的发展及应用，组织机构内部以及组织之间的信息、知识的交流结构发生了变化，组织的等级结构已不再受到管理幅度的限制，纵横交错的信息渠道创造了扁平化的组织结构。

未来学校的组织结构也将开始逐渐转变，不仅横向增加了各类新的业务部门，而且部门与部门之间的联系也逐步增多。传统的组织结构已经不能适应互联网对信息传播在效率方面的要求，也不能满足在管理上的灵活性要求。因此，新的岗位和部门设置主要考虑了信息的流动和管理，能够和信息系统上的业务流相配合。

在学校组织结构方面，传统的金字塔式的组织方式将逐渐被扁平

---

① 李韧.自适应学习——人工智能时代的教育革命［M］.北京：清华大学出版社，2019.

化的组织形态所取代，参与学校管理和发展的主体更加多元化，由权力集中式管理向权力分散式管理转变，学校内部各个机构之间的位置更加平等，学校各个组织间的联系越来越复杂、紧密，由过去的树状组织结构转变成网状组织结构。

第 4 节　学校管理数据化、智慧化

随着人工智能的发展，管理中的科层也将随之而减少，组织结构会越来越扁平化。未来扁平化的学校组织以数据为中心建设的教育信息系统，强调学校管理全过程的数据化和智慧化，实现各个系统之间数据分享和多元化的应用。未来学校应以数据为中心，把关注点放在全方位的数据收集和数据使用方面，强调管理过程的数据化和智慧化，决策将变成基于大数据分析基础上的科学决策。

传统的教育管理过程中条块分割、信息孤岛、业务流程复杂等一系列问题给管理者增加了难度，加重了工作负担，不能适应高度信息化的社会发展需求。人工智能技术发展以及物联网、大数据、泛在网络、云计算等新一代信息技术的应用，为教育管理信息化提供了新的发展机遇，推动着教育管理逐步走向数据化、智慧化模式。这种模式的实现具体过程大体可以分三个阶段。

1. 优化教育管理

人工智能发展及应用是一个循序渐进的过程，同时教育管理模式变革也不是一蹴而就的事情。因此，新一代信息技术的发展及应用先

是优化现有教育管理流程，即现有教育管理模式，把新的技术应用到现在的教育管理之中进行自我完善。

一是通过人工智能技术优化教育管理。学校通过应用人工智能技术重新对相关业务流程进行系统梳理，减少不必要的环节，去掉管理中的冗余。实现业务处理流程自动化、智慧化，减少重复劳动，提高管理效率。很多重复性、程序化的工作可以使用人工智能替代人力。如档案管理、财务、人事程序化工作、学籍管理、科研数据收集等都可以用人工智能代替。学校实行智能化管理，不仅可以提高服务效率，还可以精减人员，提高学校的管理水平。

二是利用人工智能技术可以打破信息壁垒，推进教育管理过程中的信息共享，实现标准化、规范化和协同化，大幅度提高教育公共服务水平。人工智能技术是通过数据实现的，对数据要求很高，这必然推进教育管理的数据化进程，提升管理水平，实现精细化管理和个性化服务。

三是利用人工智能技术建立多因素决策模拟模型，对教育舆情预警、学龄人口变化、经费投入等进行模拟为科学决策提供依据，从依靠经验决策转向数据支撑的科学决策。人工智能技术融入管理和决策，能够打造高水平的信息化管理队伍，提高学校领导、教师等人员的校园管理、班级管理、学生管理、课堂管理等能力。如中国教育科学研究院利用教育决策模拟系统，对实施"全面二孩"政策后的学龄人口进行了预测分析，为提前做好教育资源配置提供了参考。

2. 创新教育管理

随着简单重复性劳动被人工智能替代，教育管理的智能化和自动化会明显加速，达到某个临界点就会引起教育管理方式重大调整，进入创新教育管理阶段后，会打破标准化的教育体系，对教育流程进行重组和再造。教育在大规模扩张阶段之后会进入高质量发展阶段，这时候对教育的需求呈现个性化、多层次、高质量等特征，再加上整体教育规模巨大，这给教育管理增加了困难，教育管理变得复杂和艰巨。人工智能能够充分发挥作用解决这些问题。

一是建立统一开放的教育管理平台。实现教育管理和决策全流程的数字化改造，实现教育数据资源、信息、优秀师资力量共享，建立起完整的教育公共服务体系，实现全天候、全流程管理。

二是利用人工智能技术对教育数据收集、整理、分析及预测，准确把握教育发展规律及社会对人才需求的状况，提前决策布局，进行宏观调控。对管理流程进行再造，把冗长的课程管理变成扁平化、网格化管理。

三是建立人机协同、交互决策系统。实现学生、家长、社会组织共同参与学校管理、决策。拓宽教育资源供给的渠道，协会、企业及教育机构都能参与到教育优质资源供给的行列，整合全社会的优质教育资源。

3. 重塑教育管理

随着人工智能的全面深化应用，教育管理方式会不断调整，会对教育组织方式进行重塑。学科、班级、学校的边界变得模糊甚至是消失，现在的教育制度被瓦解、重构，新的教育图景会出现。未来教育将是平台加主体形成的教育体系，参与主体多元化，供给方式多样化，资源非常丰富，能够满足个性化的教育需求。

一是制度以人为本，因人而变。人工智能时代简单重复性的工作被智能机器人所替代，因此无论是教育者还是学习者面临的工作和学习都是十分复杂的问题，需要不断创新才能解决这些问题。所以，未来要构建以人为中心的教育治理框架，在法律准许的前提下，可以实现"一地一策""一校一策""一人一策"，真正体现以人为本的为人服务的制度和规则。

二教育治理理念彻底改变，不再单纯追求效率而是汇聚智慧，激发创造力，教育的组织形态从刚性变成柔性，突破业务分割和管理层级，形成在法律框架下多元主体参与协同创新的教育治理框架。教育管理不再是控制，而是激励参与主体的潜能，关注各个主体的供给质量和创新。

三是打造更加开放的"泛教育生态圈"。突破国家之间的障碍，整合全球最好的教育资源，让每位学生都能接触到优质的教育资源。通过物理和网络空间融合打造线上线下、虚拟与实体课堂相结合的学习空间，真正实现泛在学习。[①]

总之，人工智能时代数据是非常重要的资源，要培养公民的数据意识，通过努力提高数据质量，获得相应的获取数据和使用数据的权利。未来学校管理将全面数字化、可视化。学校基于大数据决策，能够提供智慧推荐、精准服务，实现家庭、学校、企业和社会组织的紧密合作。

---

① 曹培杰.人工智能教育变革的三重境界［J］.教育研究，2020，41（02）：143-150.

第5章 未来教师会怎么样?

人工智能时代来临，教师会不会被完全替代？如果教师不能被完全替代，那么教师的哪些工作会被替代，哪些工作不会被替代？在人工智能时代，未来教师的角色会发生怎么样的转变？未来教师应该具备什么样的素养，才能够在人工智能时代胜任教师的工作？未来教师还会像现在教师这样分工与协作吗？未来教师队伍的组成结构和教师来源还像今天这样吗？这些问题值得我们深入思考。接下来本章将对上述几个问题进行回答。

第1节 未来教师会被完全替代吗?

随着人工智能在关键技术领域中取得了突破性进展，人工智能技术更加成熟，未来教师会被 AI 教师完全替代吗？如果教师不能完全被替代，那么哪些工作能够被人工智能所替代，哪些工作不能被人工智能所替代？

1. 人工智能对教师工作的影响

我们通过采用安东尼·塞尔登和奥拉迪梅吉·阿比多耶的教学五

阶段模型对教师教学任务细化来阐述人工智能对教师的影响，以此来回答上述问题。① 如表 5-1 所示为教学五阶段模型，通过模型把教师的教学任务细化后就会发现，有很多工作都可以靠人工智能来完成。未来人工智能将对教学各领域产生巨大的影响。

表 5-1 教学任务的五个阶段

①材料准备／记忆知识
②课堂组织／应用知识
③确保所有学生都参与学习／将知识转化为理解
④布置和批阅作业／自我评估和诊断
⑤准备期末考试并撰写总结报告／反思与自主学习的发展

（1）材料准备／记忆知识

材料准备一直以来是教师开展教学工作的第一步。教师上课之前会根据学生现阶段的学习水平，对所教授的内容进行提前资料准备，这些资料有的是参考已有的资料，有的是教师自己编写。这个资料准备的过程同时也是教师记忆知识的过程。在课堂讲授过程中把准备好的知识传授给学生。资料准备过程是一项较为系统性、复杂的工作，它需要根据学生的情况对资料进行筛选、整理及系统化，对所有老师来说都是一项具有创造性和满足感的工作。

未来人工智能能够为教师提供帮助但很难取代教师。因为人工智能要想筛选出符合学生个人喜好的资料，首先要读懂这些书籍或者资料，需要突破自然语言处理技术，这需要通用人工智能才能解决，但通用人工智能能否实现尚未可知。并且编写资料对人工智能来讲更为

① （英）安东尼·塞尔登，（英）奥拉迪梅吉·阿比多耶.第四次教育革命：人工智能如何改变教育［M］.吕晓志，译.北京：机械工业出版社，2019.

复杂，所以人工智能能够优化教师在资料准备中所扮演的角色，但不能完全替代。随着人工智能技术的成熟与完善，能够实现为每位学生筛选出最适合其学习水平的资料。

（2）课堂组织／应用知识

教师在讲课过程中课堂组织非常重要，也经常会投入大量的精力来设计、组织课堂以实现教学的最佳效果。有时候也需要营造较好氛围来吸引学生，这项富有创造性的工作和个性化的技能也受到了人工智能的影响。已有的研究表明，对学生学习效果影响最大的因素有空气的新鲜度、温度以及座位安排等，人工智能可以通过控制改变这些因素来最大程度优化学习效果。

未来学校的空间和桌椅设备重新规划，传统教室终将被淘汰，取而代之的是宽敞灵活的分区设置，可以为个人和小组学习提供空间。学生心理和生理状态的检测则是靠传感器来完成的，它的速度比任何老师都快，而且检测得更准确。这些信息会向老师提供建议，让老师及时干预，尽可能地将问题扼杀在摇篮里。

（3）确保所有学生都参与学习／将知识转化为理解

表演和沟通是教师的另一项基本技能。教师在授课过程中通过动人而富有激情的"表演"来吸引学生的注意力，向学生展示材料、讲解知识，并激发他们的兴趣，从而深入理解知识。人工智能技术使页面、文章或文字鲜活起来，通过良好的视觉体验向学生展示学习资料，比老师的阐述更有吸引力。印刷文本内容和展示都是静态的，数字文本则不同，它的内容可以依靠多种方式进行呈现。

数字文本可以通过现代语音合成技术转换成语音，同时盲文翻译设备还能将同一数字文本进行触觉转换。有语言学习障碍的学生只要单击单词，就能获取由图像和其他语言提供的上下文语境。其他的数字媒体，像视频、音频、虚拟技术和增强现实技术能够为学生带来新鲜有趣的视觉、触觉体验。如戴上虚拟现实的耳机，学生可以"参与"世界另一端的课堂，获得身临其境般的体验。

（4）布置和批阅作业／自我评估和诊断

为了获得更好的教学效果，教师需要反复检查和评估学生对知识的吸收程度和对资料的理解程度。同时教师还需要营造出学生进行自我评估和树立自信的环境。但对一个教师来说，要想时刻把握班级内几十名学生的学习进度并不容易。此外，教师既要辅导学生，又要对学生进行测试，潜意识里不免会有些偏见。人工智能支持的实时评估系统能消除这些问题，并及时地给予反馈，促进学生学习。

实时监测系统能通过对学生的个性化评估和反馈来帮助学生提高成绩，这也让学生受益良多。此外，在监察作弊方面，机器也聪明得多。未来教师还是会监督学生的学习进度，但并不影响评估结果，也不会参与打分。但其他学生的线上线下表现仍然是评估的核心，因为只有了解了其他同学的情况，才能更好地分享和收获；也只有和同龄人相比，才能更好地进行自我评估，促进深入学习。

（5）准备期末考试并撰写总结报告／反思与自主学习的发展

教师的最后一项任务是帮助学生备考阶段性考试、水平考试以及每年的期末考试。他们需要给学生打分（不同地区评分标准不同），并为学生下一阶段的学习或就业撰写报告和资料。这些将被人工智能所取代。连续的数据监测报告和实时反馈将取代它的位置，帮助学生更好地进行自主学习，并弥补自己的不足之处。计算机评估系统很可能会"取代"期末考试。

通过每周采集大量学生数据，人工智能可以对每个学生的表现进行全面跟踪，并寻求适合他们的教育课程和工作。未来学生在校成绩和学历学位的重要性将大大降低，因为老板能拿到更全面、更具说服力的求职者数据。因为区块链技术能将每个学生在成长过程中的能力和表现记录在一套不可篡改的账本系统上。

2. 人工智能替代教师的所有工作吗？

人工智能不能完全替代教师，只是替代教师的部分工作。英国剑桥大学和BBC基于卡尔·佛雷和米歇尔·奥斯本分析了365种职业未来的"被淘汰率"，研究结果显示：电话推销员为99.0%，打字员为98.5%，保险业务员为97.0%，而艺术家为3.8%，音乐家为4.5%，科学家为6.2%，建筑师为1.8%，教师的被淘汰率最低仅为0.4%。[1]人工智能技术会对不同学科产生影响，首先是STEM学科，然后是社会服务类，最后才是人文学科。

加州大学洛杉矶分校的瓦列里奥·西奥雷利（Valerio Signorelli）表示："人工智能是我们亲近历史、共享历史的第一步。"人工智能很可能会赋予历史和古典文学新的生命，但人工智能不会，也永远不可能取代人类在艺术创造领域的能力。我们觉得很难的事，数字设备却觉得很简单，例如下棋；而我们觉得简单的事，它们却很难做到，例如在房间行走，这被称作"莫拉维克悖论"。

---

① 孙众.人工智能助力教师教育［N］.中国教育报，2019-06-22（03）.

第四次教育革命到来时，人工智能也不可能完全替代教师。教师除了教学工作之外还有重要的工作是育人。现在的教师要负责的工作很多，这就使得他们不能一心扑在教书育人上。堆积如山的行政工作和日常任务压得他们喘不过气来，随着人工智能的发展，教师的行政负担会减轻，教师会有更多的时间和精力培养人才。教师逐渐变成了学习的组织者，组织集体讨论，还要提供无微不至的关怀。同时，还需要帮助他们实现德智体美劳的全面发展。

但人工智能肯定会彻底改变教师的工作，通过对传统五大教学任务的支持，人工智能将促使教师行业发生有史以来最大的变革。虚拟技术的进步使得教师不再需要亲临现场进行教学，甚至偏远村庄的学生都能得到来自世界各地的老师的辅导。同时，人工智能也给教师培训带来了革命性的变化。未来教师职业的发展将彻底被人工智能所改变，世界各地的教师也会更有干劲儿。

总之，人工智能技术的应用将大大减轻教师的负担，一些简单、重复性的工作都会被人工智能机器替代。如简单的知识传授、批改作业、试卷及学生评价等都可以由机器完成，并且比教师的效率更高、反馈更及时、评价更公平。教师从繁重的工作中解放出来，会有更多的时间和学生进行交流，组织更多的实践活动，有时间和精力照顾到更多的学生，满足更多学生的个性化需求。

第2节　未来教师角色将发生怎么样的转变？

随着人工智能技术不断发展，人工智能（AI）教师会出现。AI教师在全新的教学模式中能够发挥重要作用，充当着重要的角色。AI

教师能够代替人类教师从事一些简单、重复性的工作，提升工作效率。同时，能让人类教师有更多的时间与学生平等互动，指导学生和促进探索性学习项目。教师有更多时间和精力关心学生健康成长，培养学生的创造能力。人类教师与 AI 教师在未来教育中会同时存在，实现优势互补，协同解决教育中的问题，满足个性化需求。

1. AI 教师充当的角色

　　未来 AI 教师发挥着重要的作用，扮演着重要的角色，成为人类教师的有益的补充。AI 教师在很多方面能够协助人类教师做得更好、更有效率。给学生批改作业并及时反馈，对于人类教师来讲是非常繁重的工作，需要占用教师很大一部分时间和精力，尤其是班级人数较多的时候教师负担更重。但对于 AI 教师而言比较容易，AI 教师能够很快完成这项工作，并能够做到及时反馈，提供详细的反馈意见。同时在网络课程中 AI 教师具有较大的灵活性，可以中断视频并向学生提问，也可以进行回放帮助学生理解相应的知识点。例如，在日本东京 Qubena 补习学校中，AI 教师通过和人类教师的有效配合，帮助学生更好地处理学习过程中遇到的障碍，提升了学生的学习效率，有效改善了学习效果。[①]

　　AI 教师通过收集学生的数据，关注学生的异常行为，对学生的心理健康进行评估和预测。如对学生社交网络数据、学生的行为、情绪、语言特点等运用人工智能技术进行心理健康监测、预警和干预。同时还能够帮助学生进行体质监测，形成体质监测报告等；AI 教师

---

　　① 张优良，尚俊杰.人工智能时代的教师角色再造［J］.清华大学教育研究，2019，40（04）：39-45.

可以对学生进行综合素质评价。通过相关技术对学生的核心素养和对知识掌握的情况进行综合的评价。AI 教师还可以作为学生个性化教学的指导顾问，帮助学生解决学习中遇到的问题。并且能够对学生答疑的问题进行加工处理，建立知识库，让这些专家知识库成为学生的"智能学习伴侣"，成为学生在校学习和家庭学习的助手。

另外，AI 教师可以通过对学生的个人数据，如学科水平、能力特征、心理状态、学习行为等，根据招生与录取政策、专家知识库等建立模型，并基于学生自主调整和专家建议等维度，形成对学生学业发展的推荐平台，辅助学生做好成长与发展规划，让学生能够实现全面而有个性的发展。人工智能教师能够连接正式学习和非正式学习环境，教育将更开放，泛在学习会逐渐成为基本学习形态。①

2. 未来教师所扮演的角色

人工智能时代 AI 教师替代了人类教师的部分工作，扮演了在传统教学模式下人类教师的一些角色，这样未来人类教师的角色将发生很大的转变。人工智能时代教师将扮演价值与信仰的塑造者，心理与情感发展的呵护者，深度学习的合作者等不同角色。培养学生道德哲学的价值选择和批判能力，具有好奇心、进取心等探寻未知世界的内在动机、各种形式的生命体验（审美体验、想象体验、艺术体验、情感体验）和人际交往能力等。

① 余胜泉.人工智能教师的未来角色［N］.中国教师报，2019-05-01（12）.

（1）价值与信仰的塑造者

在高阶认知层级上如在语言、思维和文化等方面，人工智能相比人类智能还相差很远。人工智能本身不具有道德意识与伦理责任，也不能进行价值判断与创新创造，人类教师的"育人"职能不能被 AI 教师所替代。当教师从这些简单、重复性的机械工作中解脱出来后，角色也发生了变化，教师的角色将从知识的传递转变为"育人"，教师的主要责任是培养学生的社会责任感与伦理道德素质，提升学生的人文素养和创新能力，培养研究型人才和创新型人才。

人工智能改变人类生活的同时会对现有社会秩序和伦理道德产生影响，出现新的社会问题与伦理问题，诸如失业、安全、隐私等问题。人类教师教育学生维护公平与正义，自觉遵守科学、技术、工程伦理，将符合人类社会的价值观、道德观和伦理观植入人工智能系统，使人工智能具有伦理、道德和价值判断及自主决策能力，使人工智能具有对自身、对社会、对人类、对自然的伦理责任，使人工智能自觉遵守职业道德规范，有效管理与使用资源，保护自然生态环境，最终实现"人—人工智能—社会—自然"的和谐共生。[①]

（2）心理与情感发展的呵护者

教育不仅仅是传授知识和技能，更主要的是唤醒学生的心，引导学生进行自我教育和健康成长。教育教学活动中蕴含着人的价值观、道德情感和人文精神，教师与学生之间以及学生与学生之间的思想碰撞、心理互动和情感交流是一种不可缺少的教育力量。每一位教师都

---

① 周程，和鸿鹏.人工智能带来的伦理与社会挑战［J］.人民论坛，2018（02）：26-28.

应该关心爱护学生，关注学生的身心健康、关心学生的健康成长，这是教师最重要的责任。未来人类进入人工智能时代，很多学习、工作和生活的事情都可以通过线上解决，这样会使得人与人之间的面对面的交流减少，因此作为教师应该更加关心爱护每一位学生的身心健康，促使学生思想品德与身心健康的协调发展。

教师积极引导学生学会适应人工智能时代的环境，学会做人，学会交往，学会自主学习、终身学习；积极引导学生培养批判性思维、创造性思维、解决复杂问题的能力、协调沟通能力等高阶思维能力；积极引导学生学会关心自我，关心他人，关心社会，关心自然。教育的使命在于为学生创造有意义的幸福生活，让学生正确认识生命的价值和体验感知生活的意义。①

（3）深度学习的合作者

深度学习是一种自主性、探究性、合作性、创造性的学习方式，要求学习者进行理解性的学习、深层次的信息加工、批判性的高阶思维、主动的知识建构和知识转化、有效的知识迁移及真实问题的创造性解决。② 人工智能时代的教学由以传授知识为主转向支持引导学生充分利用优质的教育资源建立自己的知识体系，并且能够有效地利用解决现实生活中的问题。

教育的目的不是简单地传授知识和技能，对于一般知识和技能的学习可以通过人工智能教师的帮助进行自主学习。未来教育的目标是培养学生自主学习的能力，这种能力不仅能够学习一般知识和技能，

---

① 罗崇敏.全面实施"三生教育"建设现代教育价值体系［J］.昆明学院学报，2009，31（01）：1-5.

② 吴秀娟，张浩，倪厂清.基于反思的深度学习：内涵与过程［J］.电化教育研究，2014，35（12）：23-28，33.

还能够在人类教师的引导下进行深度学习。人工智能使教师从繁重而纷杂的理论、实践教学任务中解脱出来，进而有时间和精力去引导学生进行深度学习。[①]

教师不仅仅是学生学习的促进者、引导者、组织者、联结者、激励者、评价者、服务者，其角色蜕变成为学生深度学习的合作者。教师从"教学者"转变为"共学者"，教师不仅要虚心向学生学习，向泛在教师学习，向人工智能学习，还需要与学生、泛在教师和人工智能共同学习。师生协同构建深度学习共同体成为人工智能时代教育开展深度学习的有效形式。[②]

总之，教师不会想着怎样以超越人工智能的博学去向学生单纯地传授内容知识。他们会鼓励、调动学生的积极性，让学生自己去探索、批判、利用一切可以找到的资源。老师们不会站在讲台上喋喋不休，而是更像顾问、导师、教练、朋友。老师会用心去关注学生，他们是改变学生命运的关键人物。

第3节　未来什么样的教师最受欢迎？

未来什么样的教师最受欢迎？换句话说，教师具备什么样的素养或者能力才能够在人工智能时代受欢迎？教师专业素养在不同时代或者视角不同，内涵各有侧重。叶澜（2001）认为教师专业素养包含教

---

① 张浩，吴秀娟.深度学习的内涵及认知理论基础探析［J］．中国电化教育，2012（10）：7-121.

② 陈鹏.共教、共学、共创：人工智能时代高校教师角色的嬗变与坚守［J］.高教探索，2020（06）：112-119.

育理念、专业知识、专业能力、教育智慧四个方面。①马宁、余胜泉（2008）认为教师专业素养包含情意与规范、知识素养、能力素养三个维度。随着时代变迁和技术进步，人工智能时代对教师的专业素养提出了新的要求，教师面对未来更高层次的教育变革，应具备信息技术素养、人文精神、创新能力、跨学科素养等才能在未来教学过程中胜任教师的工作，不被时代所抛弃。

1. 学习与研究能力

在人工智能对教育的变革过程中教师不能置身事外，会成为未来教育变革的参与者、促进者和体验者。未来对学生的培养不再是标准化、流水线方式，而是个性化、定制化的培养。教学方式的变革需要教师适应新的模式，因此要不断学习新的知识和技能，研究未来如何更好地培养学生。人工智能时代教师角色转换，这要求了解学生的情况，包括认知水平、情感与心理发展水平等。这需要教师能够使用人工智能工具和手段、掌握心理学的相关知识研究每个学生的个体差异，为学生制订匹配的个性化、定制化的学习计划、进度安排与评价方式。未来教师必须具备较强的学习与研究能力，不断学习与研究才能持续改善教学的内在要求，这也是教师自主专业发展的重要路径。②

2. 信息技术素养

人工智能时代教育、教学发生了深刻的变革，AI教师的出现承

---

① 叶澜.教师角色与教师发展新探［M］.北京：教育科学出版社，2001.
② 荀渊.未来教师的角色与素养［J］.人民教育，2019（12）：36-40.

担了现有教师的部分角色，教师角色发生了很大的转变。信息技术是人工智能与教育的深度融合的基础，因此未来教师具备信息技术能力或者说未来教师信息技术素养是未来教师应具备的素养之一，这不仅影响教师的工作，还会影响学生学习效果。未来教师应该能在海量的信息中准确地筛选出有用的信息，并对收集到的信息进行整合、分析、处理、应用。更重要的是教师必须具备运用各种人工智能技术开发数字化学习资源、创设数字化学习环境的能力，实现内容、方法、技术与策略的高度融合，从而将各种信息的运用融于数字化课程、学习资源与环境的建设和运用中。[①] 未来教师在人机共教的环境中应居于主导者地位，AI 教师应该处于从属地位，是人类教师的助教。这对人类教师的信息技术素养和能力提出了很高的要求，因此未来教师的这一素养非常重要。

3. 人文精神

前面章节对人工智能是否替代教师进行了相关的论述，结论是人工智能不能完全取代教师，只能部分替代教师的职能。因为人工智能时代教师的人文精神及素养是 AI 教师最缺乏的，所以这一素养显得尤为重要。教育的目的不是仅仅传授知识，而是要引导学生探寻生命的价值和意义。教育是通过与学生进行交流，激发学生的好奇心和创造力，使学生具备解决问题的能力、沟通能力、协作能力、批判性分析能力、公民意识及个性的力量。未来教师应将"人"的发展置于教育教学的中心位置。教师要充分体现出不同于机器的特征，这就是人

---

① 吴颖惠.人工智能如何深度变革教育［J］.人民教育，2019（22）：30-33.

文素养，在培养学生的时候着重培养学生身上人的特质，要发挥学生成长引路人和生命教育者的育人角色，引导学生探寻、追问作为人的价值和意义。[①]

4. 创新能力

好奇心和想象力是创新的主要动力来源，教师应该保持对教育教学的好奇心和想象力才能具有创新能力。只有具备创新能力才能适应人工智能时代的教育教学工作。未来教师应该把教育、教学过程作为引导学生主动学习、探究反思的创新过程。在教育、教学过程中持续不断创新，把每次教学活动都当作创意设计和实施的过程。同时，把学生作为创新主体，在教学活动中为学生提供创新空间和条件，培养学生创新能力。教师的创新能力跟其所处的时代关系密切，教师要充分发挥主观能动性，通过实践不断总结完善自身创新能力。如 Alt School 的学习清单与学习进程两个系统的开发的基本理念鼓励教师进行创新。

5. 跨学科素养

人工智能时代学生必须具备跨学科素养才能符合时代的要求。要培养学生的跨学科素养，教师必须具备跨学科素养才能培养出符合时代要求的优秀人才。因此，未来教师不仅要对所学专业进行系统全面的掌握，还要不断提高跨学科的知识，具备跨学科的知识和素养。未

---

① 陈芋洁. 人工智能背景下教师角色定位研究［D］. 西南大学，2020.

来教师不仅要掌握相关相近学科的知识，还要准确把握不同学科之间的内在联系，从学科交叉、内在联系及学科渗透提出并研究问题，建立系统的学科知识。在教学过程中能够把学生面对的真实场景如政治、经济、科技、文化及风土人情与相关知识建立联系。在课程开发过程中要能够准确运用跨学科知识引导学生综合运用知识、技能去解决实际问题，从而促进学生实践创新能力的提升。

总之，在人工智能时代，未来教师必须具备以上几个方面的素养，才能够胜任教师工作，培养好未来的学生，才能够适应人工智能时代发展的需要。只有具备这些素养的教师才是未来受欢迎的教师。

第 4 节　教师分工细化、来源多样化

人工智能时代学校、教师都会发生大的变革，AI 教师的出现替代了部分教师的职能，教师的角色发生转变，对教师的素养和能力要求更高，需要教师不断学习和研究以适应未来时代发展的需要。同时未来教师不可能像现在教师一样相互独立，每位教师需要承担很多的工作，因为这样的教师不能满足未来学生个性化培养的需要。未来教师分工会越来越细，教师从个体教学行为转变为团体协作，并且教师队伍呈现来源多样化、职业自由化的趋势。

1. 教师分工细化

未来随着 AI 教师的出现及教师角色的转变，教师分工越来越细化，不同的教师从事不同的工作，每个教师在各自领域中从事自己的

专业。未来教师是具有高效支撑体系的"专业人才"。由于传统教师专业分工较粗，所有的工作都由教师一个人完成，因此教师每天疲于应对收集材料、备课、制作课件、上课、批作业、组织学生课外活动和家长交流等。未来教育需求呈现个性化、多样化趋势，像传统教师那样分工不能满足未来教育的需要。未来教师必须进一步分工细化，建立教师团队才能满足未来教育的需要。[①]

未来教师不再是独立完成全部教学任务的个体，而是由教学支撑团队全方位支持其完成教学环节。[②]教师团队除了包括具有不同学科和专业特长的专业教师之外，还包括大量辅助教学的教师和技术工具。教师将从单独的个体化教学转变到群体化辅助教学。一般教师团队会由课程和教学教师、教学设计教师、媒体设计教师、教学支持服务者、教学评估教师等组成。[③]数据分析师、心理咨询师、学业指导教师也越来越重要。分工细化将强化教师的专业化程度，提升教师工作效率。未来教师不会像现在这样分为专业教师、教辅和教研人员，未来将会出现专门的教学设计教师、知识点设计教师、数据分析教师、专注课后辅导教师、疏解学生心理问题教师、个性化学习的指导顾问、问题解决的智能导师、监测学生的综合素质和身体健康状况等从事不同工作的教师。

---

① 张优良，尚俊杰.人工智能时代的教师角色再造［J］.清华大学教育研究，2019，40（04）：39-45.

② 尚俊杰.谁动了我的讲台——信息技术环境下的教师角色再造［N］.中国教育报，2014-7-16（4）.

③ （美）迈克尔·霍恩，（美）希瑟·斯泰克.混合式学习：用颠覆式创新推动教育革命［M］.聂风华，徐铁英，泽.北京：机械工业出版社，2018：173.

2. 教师来源多样化

目前中小学教师主要来源于师范院校，并且女性化严重。教师来源单一化造成在教学风格上和知识结构上的趋同，不利于扩大学生的视野。针对这一问题，有的教学行政部门制订了教师来源多元化计划，支持高水平非师范大学举办教师教育并积极探索师范大学、综合大学、研究机构、教师进修学院、中小学联合培养教育硕士新机制以及加大吸收优秀的非师范大学毕业生到中小学工作等措施。同时，教育行政部门和学校要支持、鼓励男教师到中小学任教。大学教师相比中小学教师来源丰富，主要针对学校所需的学科专业招收国内外知名大学的博士毕业生或者博士后研究人员作为大学教师。同时也会邀请政府、企业、协会的人才到学校给学生做讲座，做兼职导师等，丰富了教师来源。

未来随着人工智能的快速发展，教育、教学体系的重构，学校、教师的管理制度和管理方式的变革，随着教育的个性化、差异化、定制化的需求的增长，完全从学校教育体系中教师那里获得知识与技能的时代即将终结，"能者为师"的时代即将到来。未来的教师来源多样化，只要在某些方面有专长，具备教师资格就能够成为教师。因此教师不仅来源于学校教育体系，还可以来源于企业、协会和政府，只要具备教师资格就可以成为教师。

未来教师资格制度越来越完善，根据教师分工发放不同的教师资格证书。教师资格制度可以用来规范教师的培养模式、评价方式，确保教师的专业地位和专业权威，进而促进教师质量的提高。除了人类教师以外，还会出现 AI 教师，丰富教师来源，解决边远地区或者农村教师不足的问题。Facebook 创始人扎克伯格预测未来教师将不再是一种全职职业，它将不受年龄、职称、学历的限制，只要某个人在某个领域很精通就可以在这个领域灵活地教学生。未来随着学校组织结构和管理的变革，教师将会成为自由职业者，为学校提供课程或者服务。

总之，未来的教师分工细化，教师队伍将更加开放多元化。未来的学校或者学习中心会有一部分自聘教师，他们掌握着这个学习中心的优势课程资源与有效教学方法。但是大部分的课程资源可以购买，可以通过课程外包的方式派遣，也可以跨学校或者学习中心来调用教育资源。体制内的一部分教师会逐渐成为"独立教师"或"自由教师"，组建自己的教学工作室或者课程公司，为学校提供课程和教学服务。同时也有不少社会优秀人才，只要拿到教师资格就可以根据相应的资格从事教师职业，通过一技之长为学校提供特色课程资源和服务。

第6章 学生和家长应该怎么转变？

人工智能时代的到来对教育的冲击和影响非常大，会引起教育的深刻变革从而对教育进行重塑。无论是学校、教师还是学生及其家长等不同主体，都将受到冲击和影响。教学方式、教学环境、教学模式、教育制度、教育体系等都将发生深刻的变革。未来教育从大规模标准化的教育到个性化的教育，是"以学生为中心"的教育理念，人们的关注点也将从"教师如何教"转到"学生如何学"。人工智能的发展简单的、重复的工作被机器代替，未来社会对人才的素质要求更高、更全面。教育应转而培养人的创新思维与能力，强调个性化和人文精神。因此，在这样的大背景下，本章的主要内容是讨论学生及家长应该怎么改变，才能适应未来人类社会的变化和要求，实现人的全面发展。

第1节 学生的学习方式转变

人工智能技术的不断发展并在教育领域逐渐应用，会对教育产生颠覆性的影响。教学模式的变革不断深化，会不断影响学生学习方式的变革，会不断产生新的学习方式。其中如学生使用移动设备随时随地学习的移动学习方式，融入日常生活与社会连接紧密的情景互动式学习的泛在学习方式，将学习与游戏结合的游戏化学习方式，以及重视学生差异不同的个性化学习方式。

1. 移动学习

移动学习是指学生可以在自己需要的任何时间、任何地点通过移动设备如智能手机、电脑、iPad 等获取网络学习资源，与他人进行交流与协作，实现个人与社会知识建构的过程。移动学习会随着人工智能技术的发展而不断升级，从知识的传递到认知建构再到情境感知。未来移动学习成为可能并不断升级的原因主要包括以下两个方面。

一是人工智能时代，互联网高度普及和 5G 高速率、低时延和泛连接能力对移动互联网及其应用产生深刻变革的背景下，学生移动学习将非常便捷，网速慢、卡顿现象将不复存在。尤其是随着 5G 技术的不断发展，未来我们将能用智能终端设备分享 3D 电影、游戏以及超高画质节目，更不用说学习的内容了。虚拟现实 VR、增强现实 AR 和混合现实 MR 得到快速发展。当今移动化学习主要是受到网速的限制，因为通过智能设备学习必须要连接网络获取学习资源，而目前并不是随时随地可以获取高速网络，必须要有 Wi-Fi 或移动网络。随着 5G 技术的成熟，随时随地连接上稳定的网络将成为可能，从而移动学习也将成为可能。

二是网上学习资源不断丰富、质量不断提高。国内喜马拉雅音频、哔哩哔哩、腾讯视频、各类英语学习 App 等都提供了大量学习资源，这些是工具类的 App，学生可以利用这些学习工具自主学习；此外还有一些平台类学习资源，比如慕课的涌现给学生提供了大量的学习资源，只要学生想学哪方面的知识，他们就可以通过互联网搜索，找到这些知识，无论是文字、音频还是视频形式都唾手可得。此外，在线教育机构比如国内的学而思、新东方、猿辅导等也是很好的学习平台。随着移动学习不断升级，线上的学习资源越来越丰富。

例如，国外的可汗学院是在互联网时代发展起来的一家规模庞大的在线教育机构，它拥有数千万名用户。2006 年，著名教育工作者及可汗学院创始人萨尔曼·可汗在 YouTube 上录制了几段课程，用以帮他侄女辅导数学。侄女又将这些课程与自己的朋友分享，没想到一传十，十传百，很快流行开来。可汗教学法以简短的视频讲座和选择题小测验为基础，现在已经将课程范围扩展到数学、生物、经济学等多个学科。未来网上的学习资源的数量越来越多，内容的质量也将不断提高。人工智能时代，以往的报纸、广播、书本和提前录制的视频课将会被替代，电子课本、全球优质慕课和实时互动课堂等将成为主流学习资源。[①]

2. 泛在学习

随着人工智能技术的发展，未来学校、图书馆、教室、博物馆都能自动发射自身信息，每个学生都生活在现实世界和数字世界交织的信息生态环境中。泛在学习是指在教室、家里、社区等公众生活空间，融合正式学习与非正式学习、个人学习与小组学习、课堂学习与网络学习等，并且与社会环境进行交互的学习方式。泛在学习与生活深度融合以至于人们难以察觉其存在。泛在学习与移动学习的最大区别是泛在学习不再强调移动设备等技术的作用，也不再需要学生去学习如

① 刘邓可，董雁."未来学校"背景下成人学习方式的变革——基于知识观重构的视角［J］.中国成人教育，2020（18）：3-7.

何使用这些技术获取学习资源。在智慧学习环境中，技术无处不在、无所不在，使得我们的学习与生活交织在一起，我们将在生活中学习、在学习中生活。

目前泛在学习还较难实现，因为受制于未能渗透于世界上任何角落的无线网络，比如并不是所有地方都可以接入无线网络，只有在网络基站发射的信号可到达的地方才有网络，我们的亲身体验就是火车上、地铁上信号往往不好，深山里信号不好。但未来将通过卫星网络直接发射信号到地面，全连接、全覆盖的无线网络将成为现实，5G、6G 等高速网络也将得以实现。在解决了无线网络覆盖范围以及速率的问题后，基于虚拟现实 AR、增强现实 VR 和混合现实 MR 的智能学习空间将无处不在，从而奠定了泛在学习的基础。

泛在学习是如何改变我们学习方式的呢？泛在学习具有泛在性、连续性、社会性、情境性、连接性等核心特征。泛在性主要是强调学习的无处不在、无所不在；连续性指其正式学习与非正式学习交替进行，连续不间断学习的特点；社会性指出构建社会认知网络既是学习辅助工具又是学习的目标；情境性主要强调学生与学习环境互动进行学习；连接性指连接学生内部知识结构与网络上外部知识结构，从而使得外部知识结构促进内部知识结构不断完善与改进。泛在学习的这五个核心特征体现了我们的学习方式是如何改变的，是升级版的移动学习。[①] 在泛在学习环境中，学生可以根据自己的需要，在任何时间和任何地点，采取多样的方式进行自主探究学习，进一步拓展了学生学习空间。[②]

---

① 余胜泉.互联网＋教育：未来学校［M］.北京：电子工业出版社，2019：157.
② 马丽英.未来学校：兴起、探索及建构路径［D］.华中师范大学，2020.

3. 游戏化学习

　　游戏化学习也称教学游戏，是一种将学习和游戏结合起来的学习方式。游戏化学习是寓教于乐，提供一种富有趣味性和竞争性的教学环境，激发学生的学习兴趣，使学生在富有教学意义或者教学目标明确的游戏活动中进行训练或有所发现，取得积极的教学效果。它很好地利用了游戏的参与性、满足感的获取、想象力与创造力的发挥，使得学生通过这一学习方式达到教学目标。

　　通过改造被认为是学习天敌的游戏成为学习的工具，会发现其有意想不到的效果。首先，游戏和学习的结合能够带来一个更加轻松的学习环境，这将改善课堂上紧张的上课氛围，尤其是当学生被叫起来回答问题时往往会被学生、老师形成的磁场氛围弄得很紧张，甚至手足无措，然而游戏的参与性以及休闲性就可以缓解学生的紧张情绪，从而得到更好的学习效果。其次，游戏的挑战性可以激发学生的兴趣以及对学习的粘连性，现在很多游戏都非常注重玩家的粘连性，比如做任务、手机道具、比赛、游戏点卡、获取游戏币、玩游戏送话费、点卡换购产品等，这些都吸引着玩家在游戏中待更长的时间。如果将这些应用到学习中去，相信学生也能为了完成某些任务、获得奖品等沉浸在学习中不能自拔。这样通过游戏促进学习的效果就会显现出来了。

　　目前将游戏和学习结合的创举不在少数，比如基思·德福林研发的学习数学的视频游戏《拯救小怪兽》，经研究表明，只要每周玩三次，每次十分钟，坚持一个月就可以显著地提高数学解题能力，此外还有历史教学游戏《美国任务》、帮助阅读的游戏《游戏：瓦尔登湖》

以及《遨游于偏见》等都取得了很好的效果。我国在这方面也做了很多尝试，比如深圳宝安区天骄小学一年级的"互联网＋游戏化"全课程"小蜗牛主题学习"让学习变得异常有趣；学而思的智能练习系统通过视频化的游戏使得学习不再枯燥无趣。

在上海市一所公立小学二年级使用数码游戏进行数学课教学实验。参与者包括一名教师和45名学生。数据收集方法包括课堂观察、焦点小组和个人访谈以及文件分析。研究结果表明，在6天的时间里，每天使用一次数字游戏可以提高学生的参与度和学习兴趣。然而，许多学生担心它对学业成绩和视力有影响。老师采用了一种"让思维可视化"的方法，使用铅笔和纸以及解决问题的策略，帮助学生理解游戏的数学原理并掌握数学知识。目前的主要障碍包括大班上课人数较多、难以评估学习成果、平衡乐趣和学习以及有效的游戏—课堂整合。① 随着人工智能技术的不断发展，游戏学习能够更好地实现教学目的，而当前存在的障碍可以逐步跨越，比如大班教学改成小班教学，出现以技术为支撑的更好的评估学习成果机制以及达到游戏、课堂完美结合的状态。

4. 个性化学习

英国教育与通信技术局在《个性化学习：技术提供机遇》一文中指出，个性化学习是以学生为中心，满足全体学生特别是那些学习困难学生的需求的具有包容性的学习方式。美国教育部指出，个性化学习是学生结合自身学习兴趣及个人经历自主安排学习进度和选择学习

---

① Li Deng, Shaoyang Wu, Yumeng Chen, et al. Digital game - based learning in a Shanghai primary - school mathematics class: A case study. 2020, 36(5):709-717.

方法。其实个性化学习早在几千年前就被我国著名教育家孔子提出过。当时的提法是"因材施教"，意思是教师从学生的实际情况、个别差异出发，有的放矢地进行有差别的教学，使每个学生都能扬长避短，获得最佳发展。而个性化学习的定义与其大同小异，只是从学生角度出发，即学生根据自身实际情况、个体差异的不同，有选择、有针对性地学习。

在现在的教育体制下，采用的是大班制教学方法，此时个性化学习受到很大限制。这类似于古希腊神话中的故事——普洛克路斯忒斯之床（Procrustean bed），这和中国的"削足适履""截趾穿鞋"成语意思差不多。恶魔普洛克路斯忒斯有一张铁床，他热情邀请人们到家中过夜，但是只有身高和床一样长的人才被允许睡觉，否则比床长的人要被砍掉腿脚，比床短的人则要被强行拉到和床一样长。这张床就类似于现代学校制度的标准。我们用这个标准要求所有学生，所以学生学习得很累、很苦，每个人的个性得不到张扬，潜能得不到发挥。[1]

人工智能时代，学生可以借助智能设备、学习类 App 等学习学校、在线教育机构等提供的课程和学习实践活动。学生可以根据自己的需求从这些平台和工具中选择适合自己的学习资源，按照自己的进度和喜欢的方式进行自主学习，这将解决现在教育体制的弊端，实现个性化学习。随着教育人工智能的高速发展，可以从以下几个方面为学生构建个性化的学习环境：一是提供丰富多样、高质量的学习内容和课程，满足不同学生差异化的学习需求。二是为学生定制个性化的学习课程。同时根据学生的不同情况为其设计不同课程学习次序以及不同课时比例，让学生能按照适合自己的进度学习。三是通过多样化的算

法分析处理学习大数据，为个性化学习奠定基础。四是通过收集学习数据和行为数据，进行分析转化得到学生学习情况，评估学生个性化学习成果以及进一步指导接下来的学习。[①]

第2节　学生的学习习惯转变

人工智能为实现个性化学习和培养学生创新思维注入了活力，人工智能将彻底改变学生的学习方式，可以根据学生特定的学习需求生成个性化、定制化学习方案，并提供沉浸式的学习体验和高度智能化的学习过程跟踪服务。学习方式的改变，为学生学习提供了更大的自由空间，与此同时对学生提出了更高的要求，那么自主学习就非常重要。自主学习是指学习者自主激活和控制自身的认知、情感和行为以系统实现个人目标的过程（Zimmerman & Schunk，2011）。在自主学习过程中，学习者主动地设定目标、选择策略、计划时间、组织材料和信息、调整方法、监控和评价学习过程并为未来学习作出适当调整（Zimmerman，2001）。学生能够在学习过程中具有自主性，如果学生有了个人的自主性，学生可以按自身的学习进度，在计算机上完成自学。[②]

养成自主学习习惯的学生在人工智能时代将受益于新型学习方式所带来的好处，通过自我引导、探究式的学习将获得自身的全面发展。没有自主学习习惯的学生往往表现较差。在没有监督的情况下，沉迷

① 周琴，文欣月.从自适应到智适应：人工智能时代个性化学习新路径［J］.现代教育管理，2020（09）：89-96.
② （美）泰德·丁特史密斯.未来的学校［M］.魏薇，译.杭州：浙江人民出版社，2018：57.

于游戏、消遣娱乐，不努力学习，甚至荒废学业，不适应未来人工智能时代要求。人工智能时代学习资源非常丰富，每个学生都拥有相同的资源，在学习资源上不会像现在因为学校和教师的差异而不同。自主探究学习习惯决定了学生之间的差异。因此，在人工智能时代，学生自主学习的习惯培养变得比任何时候都更有价值。

1. 学习观念的转变

在现在的教育模式下，学生接受的基本是被动式教育。如以高考为例的应试教育，学生只需要课上听老师讲课，课后完成家庭作业，每月参加月考，高考前频繁进行模拟考试，最后走入高考考场完成高中阶段的最后一次大考。在这个过程中，教师制订计划，安排好学习进度，学生只要跟着老师的步伐就行了，老师指哪里学生就打哪里，学生学习很被动，缺乏自主、合作、探究的精神。

传统的教育模式下，学生在学校接受教育如同在工厂流水线上组装合格产品一样。学生坐在同一间教室里学习同样的内容。尽管每个人的学习背景、学习基础是不同的，有些学生听不懂，而有些学生已经听懂了，但是他们必须继续学习同样的内容。传统的教育模式并不能按照学生不同学习进度教学，学生也没有学习的自主性，这样既浪费了学校资源，也牺牲了学习能力强的学生学习更多复杂知识的时间。如果这些学生能够自主学习，自由安排自己的学习内容，那么他们将不受班级课程安排的束缚，在同样的时间内学习更多的知识。

现在的教育模式下培养出来的学生，普遍缺乏自主性、创新精神，思维固化。然而，人工智能将逐渐代替简单的体力劳动以及机械的智力劳动，未来更加注重人们的软技能、语言技能、创造力和团队合作精神。这就表明今天的教育模式已经不适应时代的需求。未来这些技能的获取以及精神的培养更多的是要靠学生自我主动探索，被动学习很难获得，这也强调了自主学习的重要性。

人工智能技术迅速发展和普及，学生可以通过智能设备获取丰富的学习资源，对于学生来说利用信息的能力变得不可或缺。当掌握了获取信息的方法后，自主学习相比按部就班听老师讲课这种学习方式更有效率。事实上，学生完全有自学的潜力，问题是这个潜力能否被激发出来。如果能给他们合适的目标，并提供辅助设备，学生是能够进行自主学习的。

总之，现在教育的弊端不断显现，学生被动学习的效果不尽如人意。人工智能时代，学生主动学习的愿望变得异常迫切。然而学生真正做到主动学习还不容易，首先需要的是转变观念——学生意识到自己应该改变，并开始朝这个方向努力。

2. 自主学习的动力

学习观念的转变只是自主学习习惯培养的第一步，在认识到自主学习在未来社会中的重要性之后，还需要明白是哪些因素影响了自主学习习惯的养成，学生自主学习的主要动力是什么。抓住这些关键因素才能逐步培养自主学习习惯。自主学习的主要动力是好奇心与想象力、目标感，这些因素驱动着学生自主学习。

（1）好奇心与想象力

学生如果对学习具有浓厚的兴趣和很强的好奇心，那么就能够主动学习，这对于学生自主学习习惯的培养非常重要。学生根据自身的好奇心和兴趣学习，这些内在驱动力会给他们提供充足的动力。如果通过学习可以不断满足学生的好奇心，也正是自己的兴趣所在，学生将愿意学习。通过学习获取的知识又激发新的好奇心和兴趣，新的好奇心和兴趣又激发新的学习过程，从而形成良性循环。经过一段时间的坚持，学生最终养成了自主学习的习惯。

比如为什么牛奶的盒子是方的，而可乐的瓶子是圆的？这个问题就能激发学生好奇心，通过深入思考，想象数个可能答案，得知正确答案即牛奶一般需要冷藏，方的盒子有利于在冰箱中堆放节省空间，从而节省冷藏成本。而可乐一般常温放在货架上就可以，不需要特殊储存方式。好奇心驱使学生进行自主性的学习，找来有关书籍进行阅读，坚持不懈地阅读，最终读完这本书。问题来自好奇心，同时也是好奇心的表现。强烈的好奇心会引导我们感知外面的信息，捕捉那些未曾见过的事物，从而发现问题、提出问题，并积极思考，激起探究答案的欲望，这就是好奇心与学习之间最根本的联系。

在人工智能时代，新事物将不断出现。增强现实技术将真实世界信息和虚拟世界信息"无缝"链接，把原本现实世界在特定时间空间范围无法感知的另一时间空间的视觉信息、声音、味道、触觉等通过电脑等科学技术，经过模仿仿真后再叠加，应用到该时间空间，从而达到超越现实的感官体验，这项技术带来的新事物必将激发人们的好奇心与想象力。如果将这项技术应用到教育中，那么将极大增强学生学习的自主性。因此，未来教育通过个性化培养，让学生具有好奇心和想象力，而不是抹杀学生的好奇心和想象力。

（2）目标感

当有目标指引学生学习的时候，学生将进入主动学习状态。因为目标的达成能够带来满足感、自我实现感。这种感觉往往是马斯洛需求层次理论中自我实现的需求。在这种需求的引导下，学生有动力进行自主性学习。如爱因斯坦取得巨大的成就与他目标明确有很大关系。他从小家境贫寒，中小学成绩普通，尽管想从事科学研究，但他清楚自己的学习和家庭情况。他对数学和物理非常感兴趣，因此他确定了攻读瑞士苏黎世联邦理工学院物理学专业的目标。他根据目标制订了详细的学习计划和学习进度，为了能够充分地利用有限的时间，他创造了高效率的定向选学法。他就是这样指导自己学习的。在目标引导下，爱因斯坦有强烈的自主学习意识，并将其实践得淋漓尽致。

在人工智能时代目标感在学生自主学习过程中具有极其重要的意义。当各种各样的学习资源呈现在学生面前，学生必须学会根据自己的兴趣爱好选择学习哪些知识，因为没有哪一个人有那么多精力学习所有的知识。如果有一个具体的目标，比如以后想在哪个领域探究，则针对性地学习哪个领域的知识，但这并不排斥个人的全面发展，其他学科知识也有所涉猎，只是鉴于时间有限不深入学习罢了。如若没有明确的目标感，学生往往很容易被浩瀚的学习资源所淹灭，有的学生可能所有知识都浅尝辄止，没有在任何一个方向深入学习。有的学生甚至可能游离于琳琅满目的学习资源之外，不知道从哪里开始学习、学习哪些知识，这才是最令人担心的情形，如果缺乏目标感就没有方向和动力。

3. 自主学习的过程

自主学习过程主要分两步：首先，学生有清醒的自我认知。其次，开展自主学习同时加以自我评估与反思，这样自主学习过程才能取得良好的学习效果。

（1）自我认知

清醒的自我认知对于开展自主学习尤为重要，因为有清醒的自我认知意味着知道自己是谁，关心的是什么，优点和缺点分别是什么。只有在对自己有较完整的认知后，学生才知道自己的强弱项在哪里、自己感兴趣的东西是什么、自己的目标定位，从而有效地安排自己的学习。因此，对自我有清醒的认知非常重要。在自主学习方面，对自己没有清醒的认知，我们往往会找不到学习的动力，会觉得学习很无聊，有时候即使自己想学习也不知道学什么，学习的内容自己不感兴趣导致自主学习热情持续时间很短，热情消失时学习动力也随之消失。

（2）自我评估与反思

反思是学习和技能培养过程中非常关键的一部分，同时也是制定目标和开展自主学习的重要环节。[1]并且自我评估和反思过程由学生自己实施最为有效，因为他们可以监控到自己的进步以及及时测试自己的知识水平，从而时刻了解到自己学习的程度如何、效果如何。在自我学习探索中必定不会是一帆风顺的，遇到各种各样的困难在所难免，此时我们要不断评估自己的学习方式、学习进度以及学习效果，然后再反思哪些方面可以改善、哪些方面做得很好可以继续保持。只有在不断的自我评估与反思中，我们才可以不断推进自我学习的深入。

---

[1]　（美）黛安娜·塔文纳.准备［M］.和渊，屠锋锋，译.北京：中信出版社，2020：188.

人工智能时代，我们的学习数据将记录在云端，通过对学习数据的整合分析得出直观反映学生现阶段学习情况的资料将会是学生进行自我评估与反思的依据。直观量化的数据反映的是事实，这样可以避免学生"我觉得这方面我没掌握""我认为这个知识点我会了"等臆断不准确的评估标准，从而为学生自主学习提供可靠的评估标准，进而使得自主学习进入良性循环。[①]

4. 自主学习成功案例——美国涩谷学校

在现在的教育体制下，完全以自主学习为主的学校凤毛麟角。目前比较有名的是美国涩谷学校，它提倡自主学习。涩谷学校的办学理念是儿童天生好奇，只要给他一个学习环境，他就会用最适合自己的方式学习。涩谷学校也相信每个人都是不同的，不同的学生有不同的兴趣、不同的方法、不同的速度、不同的人生目的。他们完全尊重个体自主决定的权利。涩谷学校有很多与我们上课普遍使用的标准化教室不同的教室，许多还是具备特殊功能的房间，比如商店和实验室，但大部分装饰得像家里寒酸的客厅或餐厅，摆放许多沙发、安乐椅和桌子。许多人围坐在一起谈话、阅读、玩游戏。

在学校里，我们可以看到有些人在摄影实验室里冲洗或打印自己拍摄的照片，有些人在舞蹈室的毯子上跳舞，有些人一边在做书架或做链子盔甲，一边在讨论中世纪史，几个人单独或是一起制作某种音乐，还有些人听音乐，有些在某个地方玩电脑游戏或下棋，有些人在办公室里做学校的行政管理工作，有人在玩 cosplay 游戏，还有人可

① （英）安东尼·塞尔登，（英）奥拉迪梅吉·阿比多耶. 第四次教育革命：人工智能如何改变教育［M］. 吕晓志，译. 北京：机械工业出版社，2019：33.

能在彩排话剧，有人在买卖粘贴画或午餐，有人在兜售东西，且总是有些小组在谈论事情，到处可以看到有人在安静地读书。

涩谷学校的学生不断挑战自己。每个学生都清楚自己的强项和弱点，并尽可能地克服自己的不足。如果他们社交能力弱，他们将会积极走向人群，参与集体活动。他们懂得要为自己的教育负责，他们也很感恩家长、老师、学校给予他们的信任，他们明白这份信任既是极大的快乐同时也意味着极大的责任。美国第一家自主学习的学校给了我们很大的信心，这样的学校在一定条件下是可以建起来的，未来我们能够在学校实现学生的自主学习。

第3节 家长扮演的角色转变

前面章节已经阐述了在人工智能时代自主学习的重要性。学生首先要转变观念，培养自己的好奇心和想象力及目标感，找到自主学习的动力，还要学会自我认知和自我评估与反思，了解自主学习的过程，逐渐培养自己的自主学习习惯。在学生自主学习习惯的养成过程中，家长要转变观念，同时转换家长扮演的角色。

1. 家长观念的转变

学生的自主性不是瞬间养成的，一定是从小开始培养，这是一个不断强化的过程。在这个自主学习习惯的培养过程中家长扮演着非常重要的角色。目前中国的家长在培养孩子的过程中把关注的焦点放在成绩上，为了让孩子专心学习，把孩子应该做的事情都包揽在家长身上，从而扼杀了孩子的动手能力和创造力，正如黛安娜在《准备》一书中所说："家长经常会犯的错误就是太投入和过多插手，甚至想要替孩子完成所有事。"① 许多家长甚至认为："如果他们不能确保孩子将来成功，那么他们就要积极地干预进来，将孩子从现状中拯救出来。这些家长亲手放弃了发现孩子成长潜力的机会。"②

显而易见，这种做法是错误的。即使在现代教育模式下，这种做法也是不可取的，这样培养出来的孩子除了取得较好的学习成绩之外，其他方面如创造力、解决关键问题的能力、合作精神等还都很欠缺。人工智能时代这种教育方式更没有市场。那么家长如何做才是正确的呢？家长需要逐步将决策权交还到孩子手上，也许新生儿的所有决定是由家长 100% 负责的，但随着孩子慢慢长大，家长应该学会逐步放权，最终在孩子完全能够自我做决定时，在不触及法律道德底线的情况下家长应该不干涉孩子的任何决定。因为孩子有自我选择学习和生活方式的权利，父母要做的是给予孩子经验和指导，不应该进行干预，要信任孩子在为自己的人生做决定上循序渐进的成长过程。

此外，父母在孩子成长过程中如果过多地介入往往会阻碍孩子独立习惯的养成，而独立又是自主学习的前提。一个不能独立的人如何能自主地安排自己的学习？没有主见、没有自己的想法，在学习上的体现就是一切都听父母和老师的安排，让听讲就听讲、让做作业就做作业，其效果如何很难评价。但人的一生不可能一直有父母和老师的陪伴，不可能一直有人给我们安排好一切。在父母和老师缺席的情况下，我们又可以依赖谁？曾听过这么一句话，永远陪伴在我们身边的

---

① （美）黛安娜·塔文纳.准备［M］.和渊，屠锋锋，译.北京：中信出版社，2020：123.
② （美）泰德·丁特史密斯.未来的学校［M］.魏薇，译.杭州：浙江人民出版社，2018：132.

那个人不会是别人，正是我们自己。因此，父母应该培养孩子独立自主的习惯，在学习上的体现就是自主学习的习惯。

2．家长角色的转变

在学生自主学习习惯培养的过程中，家长扮演着极其重要的角色。因此，家长首先要树立正确的观念，认识到自己在自主学习习惯培养上的角色定位，然后进一步要做的就是做出相应的行动，即进行角色的转变。

（1）放权与信任

如果学生抱着一种对自己学习负责的态度，他们往往有较高的积极性、较强的学习动力，他们的考试成绩也就不可能差了。如果父母一直干预孩子的学习，孩子缺乏主动性，也会觉得不是在为自己学习而是为父母学习。所以父母适当放权是必要的，放权以后一方面让孩子不再觉得学习是为了父母，从而产生抵触情绪。另一方面，孩子会思考学习目的是什么，会主动在自己学习这件事情上花时间，在这个过程中找到自己的兴趣、动力和目标，进而主动学习达到这个目标。

人工智能时代家长如果牢牢地将孩子掌控在自己手中，不让孩子自己主动去接触世界、接触新的技术，那么他们很容易脱离这个时代。因为父母往往会受传统思维的限制，很难适应甚至融入这个日新月异的社会。当新技术出现时往往孩子们能最快地将其捕捉到。所以，父母应该给孩子最大的自主权，让他们自己去探索人工智能时代新的学习方式，也许父母会发现他们的学习能力超出自己的想象。

　　家长除了在学生学习过程中放权外，还应该给予他们充分的信任，相信他们能够发现自己的问题从而及时回到正确的道路上来。因为孩子在自主探索学习方法或学习目的的过程中，必定是曲折的，其中孩子可能会触犯父母的底线做出一些出格的事情，这时候父母需要给予孩子更多的信任，要相信孩子会有自己的判断，也能够为自己的人生负责。

　　这里有一个关于父母让孩子学习厨艺由不信任转变为信任最终带来好结果的故事。有一位母亲打算让自己的儿子学习做菜，她每周都让儿子负责周日的晚餐。一开始，儿子每次在厨房做菜的时候，母亲都会在旁边看着，看到儿子切菜切得乱七八糟的时候，母亲总是一把把菜刀抢过来，亲自上阵。炒菜时，儿子把油、盐、酱、醋随意添入锅中时，母亲又把铲子抢过来把菜炒了，最终结果是晚餐还是母亲完成，儿子为其做出的贡献不到1/3。半年后，儿子还是没有学会炒菜。于是母亲开始思考为什么会这样，后来她明白了自己还是没有给予儿子足够的信任。于是她开始换一种方式，每次儿子负责晚餐的时候，她就拿一份报纸坐在旁边，儿子有什么问题她就口头解答，不再插手。虽然开始几次儿子把厨房弄得乱七八糟，晚餐也几乎吃不上，但是儿子慢慢地掌握了炒菜的技巧，儿子负责的晚餐逐渐变成整个家庭的期待，因为儿子总能做出创新菜给大家一个惊喜。

　　这个故事很好地诠释了信任的重要性。母亲的信任让儿子学会了炒菜，同样在学习上也是一样的。如果父母信任孩子能够自己学习好，并且像这位母亲一样，给孩子试错的机会，那么我们相信孩子能够最终学会自主学习。其中最忌讳的就是当孩子出现小错误时，父母马上将孩子刚获得的自主权收回去，这样孩子永远学不会自主学习。但是，信任不是说无所作为，缺席孩子的成长过程。接下来就需要提及父母在孩子形成自主学习习惯中引导的重要性。

（2）引导与倾听

孩子在成长过程中必定不会一帆风顺，必定会走很多弯路，磕磕绊绊。父母的经验教训可以使孩子避免走很多弯路。在孩子探索自主学习之路时，适时的建议与引导是必不可少的。这就需要家长经常和孩子交流沟通。尤其是在孩子经历挫折、走入低谷时给他们分享自己的经验和教训。《傅雷家书》就是傅雷夫妇给儿子傅聪绝佳引导的例子。和儿子谈做人，指导他如何待人接物、社交礼仪。考虑到儿子重感情，理智弱，尤其是意志较弱，傅雷先生还建议儿子多看看《毛泽东选集》的《实践论》及《矛盾论》，加强他的理智分析能力，为他将来回国发展做准备。在儿子成婚后，提醒儿子不要用妈妈的标准去要求妻子，也不要把自己的苦闷情绪发泄出来让妻子承受，而要互帮互助。除了谈做人外，他还指导儿子在人生中要永葆赤子之心，传授其学习心得，等等。我们也看到，傅聪最终成为国际乐坛上备受尊重的大师。傅聪也表示他非常感谢父亲母亲在他成长中给他的引导，让他能够成为现在这个人格比较完整、也卓有成就的自己。

当孩子遇到一些困难或者挫折时，孩子也许要的不是接下来应该怎么做的答案，因为他们内心清楚自己应该如何做，他们其实是希望有个人倾听他们讲述整个事情的前因后果。他们讲述完这件事自己也就豁然开朗了。他们会发现其实也没有一开始自己想象的那么艰难，也就是说每个人都需要有一个倾听者。人工智能时代家长需要做的是引导孩子培养未来社会需要的能力。此外，家长要引导孩子合理使用电子产品，培养孩子将智能设备视为学习工具而不只是休闲娱乐的工具，这样才能更好地借助于智能设备进行自主学习。

（3）与孩子共同学习

当孩子提出的问题家长也没法回答时，家长应该保持好奇心和孩子一起去寻找答案。在这个过程中家长还可以和孩子就这个问题进行深入的探讨，进行一场直击心灵的对话，最重要的是孩子能看到家长也是在不断学习的，从而从内心深处认可学习的意义。[①]父母积极好学会对孩子产生影响，这就是榜样的力量。

有一位妈妈，孩子在学弹钢琴时，她不会逼迫孩子每天一定要花多少时间去练习巩固，而是每次孩子从老师那里学会一首曲子后，她会说："宝贝，你今天在钢琴俱乐部都学了什么呀？"女儿会说："我今天学会了《小星星》的钢琴曲。"妈妈说："哇哦，感觉好棒，那你能不能教教妈妈呀，妈妈好想学。"这时候女儿肯定会回答说："好呀！"于是，女儿就会马上跑到钢琴前，坐下并呼唤妈妈过来，然后细心地把在老师那学来的技巧以及方法传授给妈妈。这样就达到了让女儿练习的目的，而且是女儿自愿并且非常开心地练习。

为什么会有这种效果呢？这也就回到了之前的讨论，孩子一般不喜欢在逼迫或者强制的方式下进行学习，但女儿有一个目标——教会母亲如何用钢琴弹奏《小星星》的时候，效果就完全不同了，这也是被动学习转变为主动学习的案例。

父母是孩子的启蒙老师，是人生中最重要的老师。因为孩子在父母影响下形成自己的思维方式、价值观。目前，在各种教育培训机构可以看到父母与孩子一起学习钢琴、一起学习语言甚至一起锻炼。大量事实也证明，父母陪伴学习可以让父母更加理解孩子的学习过程，从而掌握孩子学习进程，有助于孩子高效学习。在和孩子一起学习的

---

① （美）黛安娜·塔文纳.准备［M］.和渊，屠锋锋，译.北京：中信出版社，2020：239.

过程中，父母通过帮助孩子阅读、观察、思考从而建立亲密的亲子关系，这将实现父母与孩子的共同成长。[①]人工智能时代机器人代替简单重复的劳动，新技术提高工作效率，家长们可以节省出更多的时间，从而可以陪伴孩子、与孩子共同学习和共同成长。

3. 作为连接孩子与学校的桥梁

孩子进入学校学习是在父母帮助下完成的。然而，父母的责任不限于此，父母作为最了解孩子的人，有必要和学校共同合作，帮助孩子更好更快地融入学校并顺利找到适合自己的学习方式。目前学校普遍存在的一个问题就是学生的个性化发展问题。在现在的教育体制下，一个学校有几千甚至上万个学生，了解每个学生的独特品质以及能力对于学校来说特别难，因此学生独特的优势往往不受重视。但每个孩子都是独一无二的，只有识别并激发他们独有的优势才能实现他们的全面发展，家长原则上是比任何人都更了解他们孩子的人，如果家长能够把自己孩子的情况清清楚楚地告诉学校，那么将减少学校花费很多的精力进行学生能力的评估，从而帮助学校尽快找到合适的方法培养学生。

人工智能时代传统的教育将被重塑，传统的学校也将不复存在。未来不会像现在一样，一提起学习就想到了学校教育，而是学习已经融入我们的日常生活，孩子们无时无刻不在学习。在这种情况下，学校、家庭以及社区三者之间的界限将被打破，它们都是孩子的学习中心。我们不可否认的是家庭是孩子的最终归属地，孩子吃饭睡觉等日

---

① 朱永新.未来的学习：重新定义教育［M］.北京：中信出版社，2020：74-75.

常生活是在这里完成的，也就是说即使未来学生自主学习成为社会普遍现象后，父母的角色也永远不会消失。人工智能时代学生自主学习将成为未来教育的核心，学生要努力培养自主学习习惯以及紧跟时代的步伐、紧跟教育变革的步伐。父母做好孩子的后勤保障，明确自己在其中扮演的角色，真正成为孩子成长过程中的陪伴者、引导者。

第三篇

人工智能破解现在教育的难题

第 7 章　人工智能时代能够实现素质教育变革

人工智能时代的到来对人类社会的生产和生活都会产生深刻的影响，将彻底改变人类社会的生产和生活方式，对教育的冲击和影响也是巨大的，将对教育进行重塑。当前所面临的素质教育问题能够在人工智能时代得到解决，因为这是人工智能时代对教育的要求。人工智能时代赋予了素质教育新的内涵，对教育提出了更高的要求，使实行素质教育成为可能，如何更好地实现素质教育的变革是未来人工智能时代教育领域广泛关注的焦点问题。

第 1 节　人工智能时代赋予素质教育新内涵

新中国成立以来，为适应经济、社会发展需要，亟须提高全民素质和培养高素质的人才。20 世纪 80 年代后期，首次提出了"素质教育"的概念，旨在提高我国基础教育的质量。但由于考核机制和社会对人才需求较大，高等院校人才培养规模相对较小，导致中小学校出现片面追求升学率现象，教育模式逐渐变得制度化、标准化和线性化，"应试教育"一词也随之产生。在这种情况下，学校如同一个加工厂，把本来生性活泼、个性独特的学生统一加工成一个个标准化的考试机器，长此以往，忽略了他们作为独立的人的思维、个性的全面发展。

在 20 世纪 90 年代，我国从政策上加强了对素质教育的引导。中共中央、国务院于 1993 年 2 月在印发的《中国教育改革和发展纲要》及于 1994 年 7 月发布的实施意见中提出，中小学要由"应试教育"转向全面提高国民素质的轨道，旨在面向全体学生，全面提高学生的思想道德、文化科学、劳动技能和身体心理素质，从而使学生生动活泼地发展，另外，学校可以办出自己的特色，普通高中的办学体制和办学模式要多样化。[①] 这是中央文件首次对素质教育做出的表述。

然而，随着时代的进步与发展，特别是进入 21 世纪，未来人工智能时代的到来，素质教育被赋予一种新的时代使命。伴随着大数据、云计算、物联网、区块链、虚拟现实和增强现实等信息技术的迅速发展，即将迎来第四次工业革命，迎来人工智能时代，很多传统体力工作开始逐渐被机器人所替代，人工智能甚至在很多领域赶超人类，以往强调的"德、智、体、美"素质教育培养出来的受教育者很可能不适应未来人类社会发展的需要。

未来社会一定是一个高度智能化的社会，而综合素质是我们人类区别于人工智能的重要标志之一。在人工智能时代，我们不是要培养和机器竞争的简单的、重复性工作的劳动者，而是要培养具备综合素质和能力，能够解决复杂的问题、有深刻的洞察力和批判性思维能力的人才。这就是时代背景、时代素质教育更深层次的发展方向，是人工智能时代赋予素质教育新的内涵。

人工智能赋予素质教育的新内涵是一种基于"全人格教育"的素

---

① 中国教育改革和发展纲要 . https://baike.baidu.com/item/%E4%B8%AD%E5%9B%BD%E6%95%99%E8%82%B2%E6%94%B9%E9%9D%A9%E5%92%8C%E5%8F%91%E5%B1%95%E7%BA%B2%E8%A6%81/8837663.

质教育。①它强调通过对学生"德、智、体、美"方面的基础教育，并使之相互浸透、协调发展，得以促进学生的全面发展和健康成长。一方面，关注群体当中作为独立个体的人的多样性和差异性。素质教育更多的是面向全体学生，强调整体水平的提升，我们虽然大力提倡对学生开展个性化教育，因材施教，但目前仍有所欠缺。总体来看，我们针对个体的素质教育，在现今的教育实践中表现得仍不是很充分。因此，教育工作者应更多关注人作为独立个体的多面性，首先把受教育者当作一个完整的人来看待，充分认识到他们的人格不仅具有共通性，也具有独特性，进而根据其人格的差异性来进行针对性的培养和教育。在人工智能逐渐进入工业化和呈现出同质化特征的情形下，这种人格的丰富性和差异性是我们未来不能被人工智能所替代的一个很重要的因素。

另一方面，"全人格"素质教育旨在培养健全的人格。健全的人格不仅应具有深厚的专业技能、创新和实践能力，同时在生理、心理和道德层面，还应该具有正确的价值观念、良好的自我调节能力、协作精神和坚定的理想信念、独立思考和辨别是非的能力。莫拉维克悖论启发我们，区别人类与机器人的最显著的特征在于人类的创造性、逻辑思维能力和对于信息的运用能力等。加强受教育者对于这些素质的培养，不仅可以使他们在面对信息的高速传播、知识的碎裂化以及来自未来的不确定时，能在一定程度上减少其存在感的迷失以及自我价值的缺失，而且有助于受教育者自身开展更深层次的追求，比如终身学习。因此，培养健全的人格，是人类有效抵御这种冲击的强大精神武器，更是教育价值的终极体现。在人工智能时代即将到来之际，

---

　　①　罗妤，黄平林，余先德.关于人工智能时代素质教育的若干思考［J］.学校党建与思想教育，2018（06）：54-56.

素质教育被赋予了新的内涵，实施素质教育改革成为可能，这是人工智能时代发展的必然趋势。

第2节　人工智能时代实行素质教育的可能性

1. "反机器人"教育的兴起

人工智能时代，知识以数据方式储存，可以快速传播和容易获得。而人工智能在接收和处理数据方面比人类大脑具有天然的优势，人类无法处理大量数据。因此，一些人类无法胜任的工作便由机器人所替代。但并不是说人工智能可以代替人类做任何事。从人的本质上来看，人类具有的某些与生俱来的能力是区别于人工智能的一个显著的特征。在这种背景下，为了应对人工智能时代学习模式的转变，一种名为"反机器人"的教育逐渐兴起，这成为素质教育改革的契机。

具体来说，"反机器人"教育在于培养我们作为人类所独有的创新能力和逻辑思维能力——因为它是人类独有的能力。人工智能不具有感知，也不具有自觉能动性。尽管在某些方面，人工智能显现得要比人类还要"聪明"，但它不会超越人类，更不会取代人类，这不仅是因为人类具有独特的心智灵活性，例如我们从小就会模仿、会思考、会判断等，而且更重要的是人类具有社交能力，我们可以进行发明创造、与他人沟通交流等。对于除了人类的其他物种或机器来说，这些特有的能力是它们所无法具备的。

人工智能时代的教育不再局限于当前科技或掌握当前科技所能实

现的，而是突破当前科技所无法实现的。美国东北大学约瑟夫·奥恩校长在其新著的《不惧机器人：人工智能时代的高等教育》一书中谈到，人工智能时代，大学生需要一种全新的学习模式，即"人学"。在性质上，人学与工程学、哲学等学科一样，既传输知识内容，又发展特定技能。总的来说，它包括三种新素养和四种认知能力。[①]因此，人工智能时代，我们人类需要具备更为复杂的素养，以实现人机的交互和协作。人工智能时代素质教育迎来了机遇。

2. 未来工作岗位对受教育者提出新要求

如果是在20年前，大学生毕业后可以凭着学历证书找到一份较好的工作，但现在却不同了。牛津大学的弗雷（Carl B. Frey）和奥斯本（Michael A.Osborne）2013年发表的一项研究表明：移民和贸易或许不是对未来工作增长的最大威胁，而是正在发生的人工智能革命。未来20年内，47%的工作岗位会被智能机器取代；同样，麦肯锡全球研究院（McKinsey Global Institute）迈克尔（Michael Chui）等人2015年发表的一份报告指出，仅依靠目前既有的技术，45%的工作可以被自动化的机器所替代。[②]在这些被机器所替代的岗位中，除了简单、重复性的体力工作之外，甚至包含许多属于"知识经济"的工作，比如人工翻译、医疗诊断和法律咨询等。

由此可见，未来工作岗位对我们受教育者提出了更高的要求。一方面，从发展趋势来看，进入知识经济时代，知识出现爆炸式增长，

① Aoun, J.E.Robot-Proof:Higher Education in the Age of Artificial Intelligence［M］.Cambridge:MIT Press, 2017.
② 刘爱生.人工智能时代的高等教育变革——解读《不惧机器人：人工智能时代的高等教育》［J］.现代大学教育，2019（01）：46-52，112.

加之人工智能技术的快速发展，面对知识更迭的速度越来越快和技术的日新月异，受教育者不仅需要不断完善自身的知识素养，而且需要具备更高的能力素养防止被智能机器所取代。

另一方面，从人的可持续发展与社会发展趋势来看，我们的教育不再为划分得很细或者某种效率不高的工作进行重复性训练，因为这些事情未来都将可能被机器人所替代。我们所追寻的应是自身的可持续发展。教育不再成为就业工具、人才之用。未来的就业也不再是我们受教育的终极目标，我们学习不再是为了能够更好地去适应社会发展需求，而是通过提高自身素质和塑造强大的精神和意志以达到终身学习的目的。

未来对教育的关注点不再是仅仅满足就业的需要，而是会变得更加关注智力与非智力的综合提升，我们追求可持续发展的精神和能力，注重对自身健全人格力量的锻造，努力提升生命质量和人生境界。反过来，当人类的思维达到全方位的开发，智慧和潜能得到充分挖掘，实现了可持续发展后，人类的思辨力和创新创造能力才能够长久不衰。但就目前的教育模式和现状来看，如今的教育还没跳出以就业作为导向的旧圈，它不足以满足人们对自身可持续发展的要求，更无法适应未来工作岗位对受教育者的能力需要。因此，人工智能时代实施素质教育改革具有强大的可能性。

第3节　人工智能时代如何实现素质教育变革

人工智能时代赋予素质教育一种"全人格教育"的新内涵。全人格教育旨在关注人的核心素养，培养全面发展的人。下面本节将基于奥恩校长提出的全新的学习模式——人学和多层次能力要求以及针对受教育者健全的人格培养三个方面具体阐述人工智能时代实行素质教育需要具备的素养和能力。

1. 新素养和认知能力

人工智能时代学生需要一种全新的学习模式，即"人学"，它包含三种新素养和四种认知能力。

（1）具备三种新素养

随着大数据、云计算、物联网、区块链、5G等新兴技术的发展，人工智能相关技术成功应用于各生产领域，如工业生产领域（智能生产线、智能工厂）和社会生活领域（智能交通系统、智能医疗系统），并引发相关产业链的技术革命和社会变革。数字经济快速发展，"人工智能+"所涵盖的领域也更加广泛，彰显出人工智能改变人类生产与社会生活的巨大潜力。在一些领域，人工智能可能表现得比人类更加出色，如在语言翻译领域，谷歌翻译、科大讯飞等智能翻译的准确率比专业人工翻译更高效、更精准；如在智能医疗领域，人工智能比经验丰富的医师能更快更精准地识别图像并发现图片反映的问题。

面对人工智能挑战，学校如何应对呢？显然，最为关键的就是发展人区别于机器的独特性。因此，面对数字化时代，除了基本素养之外，人类还需要具备技术素养、数据素养和人文素养等这些新素养帮助人们理解技术构成，而且让人们具备学会使用技术甚至最终能够超越技术的能力。

一是具备技术素养，指具备有关数学、编程和一些工程学基本原理的知识。这是理解技术的第一步。由于编码是数字世界的通用语言，在人工智能时代每个人都应有所了解和学习。通过学习使用各种硬件和软件，理解运作机制和原理，才能最大限度地发挥这些机器的能力以达到为我所用的目的。

二是具备数据素养，指具备分析、理解和使用大数据的能力。这是学会使用技术的第一步。人工智能时代，数据无处不在，我们只有在理解了如何使用它的基础上，才能准确把握海量信息背后所蕴藏的内涵与意义。

三是具备人文素养，指在社会中具备与他人沟通交流的能力。在人工智能时代，人文素养显得尤为重要，这不仅在于技术背后真正体现的仍然是人与人之间的交流互动，而且技术给人类生活所带来的各种影响，需要我们从政治学、经济学、法学、哲学等各方面去探讨。①

（2）具备四种认知能力

新素养为全新的学习模式奠定了基础，但它不足以使人有信心去面对一个技术日新月异且复杂化的世界。为此，学生们还需要掌握四种基本的认知能力。

一是具有批判性思维。批判性思维是指对某些概念、信息等能够准确地理性分析和判断，并加以有效运用。虽然人工智能技术也已经发展到可以快速、精确地完成某些特定任务的程度，但当遇到超出预设范围的意外事件时，它们无法做出决定。正是因为机器在利用数据做出判断和决策时无法考虑到其他重要的相关因素，它所做出的计划有可能会走向失败。可见，人类所能具有的批判性思维能力是未来机

---

① Aoun, J.E.Robot-Proof: Higher Education in the Age of Artificial Intelligence［M］.Cambridge: MIT Press, 2017.

器人不能完全替代人类的一个很重要的原因。

二是具有系统性思维。它是指在处理复杂问题时学会以一种整体性视角进行把握和分析的能力。对于理解复杂系统中的某个元素和这些元素之间的联系，机器相比人类可能更擅长，但机器缺乏系统性思维，不能系统性思考一些问题。

三是具有创业精神。人类的部分工作，被机器所代替，需要人类创造出新的工作岗位来弥补就业空缺，这就要求我们具有创新和创业精神。大学提供了一个比较理想的创业环境，每一个大学生都应该具备创新和创业精神的基本认知能力，这种认知能力能让我们在工作和经济领域中运用创新型思维解决问题。对此，学校应大力支持学生的创新和创业活动。

四是具有文化敏捷性。随着全球化的发展，不同国家、不同民族和不同种族之间人员交往越来越频繁，只有充分了解不同的文化背景，才能更好地促进合作。但是机器不具备文化敏捷性，因此无论如何模仿人类，都无法体验人类的生活，无法理解对方的言外之意和文化观念，因为这一过程需要我们的同情心、判断力和察言观色的能力。[①]

2. 多层次能力要求

具备全方位、多层次能力才能更好地应对人工智能给予我们的挑战。首先，它要求学生拥有深厚的知识积累，而这种知识的积累在人工智能时代，很大程度上不再依靠老师传授，更多的是靠学生自身积

[①]　Aoun, J.E.Robot-Proof: Higher Education in the Age of Artificial Intelligence [M]. Cambridge: MIT Press, 2017.

累。因此，学会自主学习就显得尤为重要。其次，从长远来看，在互联网信息时代，知识的更迭变化迅速，每个人都需要不断地更新自身的知识储备，因此，实现终身教育成为自身能力提升的需要。①最后，学生要具有突出的创新能力和实践能力。因为知识的学习是基础，会运用才是关键，能够将知识熟练运用至需要解决的问题中，学习才变得有意义。

（1）学会自主学习

传统的教育体制下，老师通过讲课来传授知识，而学生通过做题来巩固知识，最后统一由考试来检验学习成果，这种规模化的学习模式并不是以学生自身为中心，学生在大班教学的过程中可能认不清自己有哪些不足之处，因此，以学生自主学习为核心，老师逐渐转为答疑和教辅工作，会使得学生的学习更具效率。另外，学习和成长正是在反思中发生的，所以培养学生学会反思尤为重要。

（2）终身教育的需要

在知识爆炸式增长的今天，学会自主学习固然很重要，但这远远不够。随着人工智能不断发展，新的业态和新的岗位不断涌现，需要掌握更高阶的知识和技能。面对全球化、知识经济和信息社会，所有人都需要不断地更新知识和技能。换言之，在人工智能时代，人们需要终身学习，那么终身教育理所当然地成为了人们的必需品，而且这种需求量前所未有的大。

1965 年，联合国教科文组织终身教育局局长保罗·郎格朗首先提

---

① 刘爱生.人工智能时代的高等教育变革——解读《不惧机器人：人工智能时代的高等教育》[J].现代大学教育，2019（01）：46-52，112.

出"终身教育"的概念，它的含义是每个人都要实现自己的抱负，发展自己的可能性，也都要适应社会不断投向他们的课题，因而，未来的教育不再是由"任何一个学校毕业之后就算完结了，而应该是通过人的一生持续进行"；现行的教育是"以学校为中心的"，而且是"闭锁的、僵硬的"，未来的教育则将对社会整个教育和训练的全部机构和渠道加以统合，从而使人们"在其生存的所有部门，都能根据需要而方便地获得接受教育的机会"①。

因此，高等教育进化的下一个阶段是多大学网络，即大学不再作为一个相对独立的机构在某一个国家或者地区存在，它可以分布在不同国家或地区，这些位于不同地点的大学，彼此相互联结，构成多大学网络。学生可以选择就近入学，还可以在不同学校游学，可以充分利用各个地方的学术资源。他们可以根据自身需要，随时随地进行学习，不断提高能力水平，达到终身教育的目的。

然而，对于终身教育的重要意义，目前的高校往往都忽视了，并且其设立的继续教育的地位与校内本科生、研究生教育的地位不可相比。面对人工智能的挑战，高校需要及时转变观念：把继续教育与本科生教育、研究生教育以及科研看作同等重要，并不断使终身教育从学校的边缘位置走向中心位置；转变传统的继续教育方式，高校应根据学习者的需求，为他们制定个性化的学习项目。

（3）创新能力的培养

在技术高度发达的条件下，学校工作的重点要放在培养创造性思维和提高解决问题的能力上，让学生有理性和批判精神。学校要鼓励

---

① 高志敏.关于终身教育、终身学习与学习化社会理念的思考［J］.教育研究，2003（01）：79-85.

创造，宽容错误和失败，学生要不畏师不畏书，敢幻想敢尝试。现在许多学校在进行 Steam 课程和创客教育，鼓励学生质疑问难，进行项目式学习，就是在积极回应时代的要求。对于学生创新能力的培养，首先，要突破"以教为中心"的局面。这种填鸭式的教学方法已经不能充分调动学生的积极性，也压抑了学生的个性发展和创新能力的发挥。创新的教学方法旨在推动学生独立思考，让老师成为学生学习的助手，让教材成为激发学生兴趣的工具，让课堂成为开发学生创新潜能的天地。

在这一过程中，教师应注重遵循挑战性、体验性和开放性三大原则。挑战性原则指的是鼓励学生敢于并善于打破旧知识经验和结构，允许其对所学内容产生质疑，可以去寻求自己认为的答案；体验性原则就是指注重学生的亲身体验，即通过模仿或者想象以感受思考与决策的过程；开放性原则一方面是指学生思维的开放性，教师在授课时，除了应该让学生知道"是什么"之外，还要注意引导学生思考"为什么""能够是什么"，或者说可供选择的还有什么。总之不限制学生们的思维，而是着力促使他们去探索更多的想法。另一方面就是指学生的开放式学习。学生们的学习环境不局限在教室，并且不分年级，一律按其兴趣和各自所需，按照学习进度和内容采取适合自己的学习方法。这种学习模式强调以自我为中心，也更容易激发出学生的想象力和创造力。

老师对于学生创新能力的培养是非常关键的，因为对于学生来说，他需要有人引导。但更重要的是，学生应该学会如何进行创新性学习。首先，学会开放学习。上面我们说教师遵循的开放式原则是指自上而下地引导学生思维的开放性和不应将学生的学习环境限制在教室内，那么这里针对学生所说的开放学习是一种自下而上的、相对于传统课堂而言的学习组织形式。例如，耶鲁住宿学院开放学习在现行课程体系中令人耳目一新，能够满足学生的特殊需求与新奇追求，在激发学生的主动性与创造性等方面更是不可替代的。①

其次，问题学习。就是指学生在学习过程中能够带着问题，然后锁定目标信息，最后提出解决问题方案。自古以来，学生能真正带着"问题"学习的并不多见。究其原因，关键在于目前考试模式的影响。如今的考试大都关于记忆背诵，学生为了追求高分，取得优异的成绩，提问渐渐减少，久而久之，难以形成提问的习惯。这其实与考试的初衷相悖。但若带着问题去学习，学生在学习的过程中就很容易产生思想的碰撞，也更能产生具有价值的独创性见解。

（4）实践能力的培养

自主学习、更深层次的终身学习以至达到终身教育和创新能力的培养始终围绕理论学习层面。只有将理论很好地应用于实践，才能实现培养多层次、全方位人才目标，完成素质教育的初衷。因此，对于学生实践能力的培养不可或缺。实践能力是个体在实践过程中形成和发展起来的，实践能力的形成是一个涉及生理成熟、获得经验等多种因素的复杂过程。

首先，创设多样化的实践活动环境。大学生实践能力的培养离不开多样化的实践活动环境，包括真实环境和虚拟环境。真实环境是指创建一种真实的工作环境，而人工智能的发展则为虚拟环境的创建带来了新的可能，并且后者更节约、更高效。虚拟现实技术发展，为学生创设多样化的实践活动环境提供了可能。

---

① 龙大为，何兰英.个性化、多元化教育与创新性人才的培养——哈佛、耶鲁的本科课程制度及其启示［J］.思想战线，2006（02）：55-60.

其次，采用培养实践能力的教学模式。传统的教学模式很难培养学生的实践能力，因此要改变传统的教学模式，创建有利于培养学生实践能力的教学模式，如探究式教学模式、专项技能训练模式、案例教学模式、体验—反思教学模式、项目制教学模式等，为学生创造更多的实践和独立思考处理问题的机会。

3. 健全人格的培养

健全的人格不仅应具有深厚的专业技能、创新和实践能力，同时在生理、心理和道德层面，还应该具有正确的价值观念、良好的自我调节能力、协作精神和坚定的理想信念、独立思考和辨别是非的能力。上文中，我们已经讨论了能力层面的要求，下面我们将着重讲述学生的生理、心理、社会、道德层面。当人类进入人工智能时代，审美、社会性、价值引领等精神活动会越来越重要。因此，在人格层面，要丰富、健全，使学生得以全面发展。

（1）注重价值引领、自我调节能力和协作精神

技术越进步，越应重视人的价值层面的引领。学校不仅作为学生学习的场所，也是其时时刻刻生活的小型社会圈。学校要帮助学生树立正确的价值观、人生观，培养学生的人文精神，给予人文关怀，帮助学生学习沟通和交流技巧，增强人的社会性。社会是由人来主导的，而人由精神和价值来控制。当学生具备了正确的价值观，不仅对自己的前途充满信心和希望，而且有利于其不断发掘自身潜能，不断进步。因此，进行价值观和社会性教育就是保证人的主体地位，保证人不被技术和制度所奴役成为单向度人的根本之所在。

未来学校还需要注重学生的自我调节能力，具备良好的自我调节能力表现为能够恰如其分地评价自己，这不仅有利于控制自己的情绪，始终保持一种良好乐观的心态，而且即使在面对未来智能机器带给人类的多种不确定时，也能合理调节两者之间的关系。再者，要培养学生的协作精神，未来的我们，并不局限于人与人之间的合作，人与智能机器的合作现在已崭露头角，保持团队意识，将竞争与合作有机统一，才能谋求共同发展。

（2）加强文化素质教育

通常情况下，学校对于学生文化素养方面重视较少，在课程设置上，体现为核心课程设置较多，甚至出现核心课程取代人文学科的情况。因此，学校应将核心课程与人文社会科学并重，体现出人文关怀，一方面得以让学生全面发展，另一方面除学习专业知识之外，可以培养学生的人文情怀。

对于大学生文化素质教育的深入开展，一是改革课程体系，减少专业课时，增加文、史、哲、艺等人文课程。二是要把文化素质教育贯穿于课堂教学的全过程之中。学校应对课堂教学中人格教育的内容进行充分挖掘，充分利用多种教学形式和讲授艺术，将科学和艺术有效地结合起来。三是开展丰富多彩的校园文化活动，如书法比赛、体育竞赛、科技文化艺术节、歌咏比赛、读书活动以及积极向上的各种社团活动等，为学生创造优良的人文氛围。

人文教育在人工智能时代会越来越重要，它是人类区别于机器的主要标志，这是人类特有优势。因此，培养学生健全的人格是学校需要充分关注的问题。但它是一项系统性的工程，需要各方协调配合，从而进行有效的指导和教育。

第8章 人工智能时代能够实现个性化培养

人工智能的发展将使未来教育打破时间、空间的限制，学习方式和模式更加灵活化，学习内容更加个性化，这为学生的个性化培养创造了非常有利的条件。未来能够按照每位学生的兴趣爱好、个性特征，为每位学生定制个性化的培养方案，引导学生自主学习、实践和创造，引导学生自我管理。人工智能与教育的融合是未来的发展趋势，这必将打破传统的教育模式，让教育真正实现从规模化向个性化、定制化发展，实现以学生为中心、学生的个性化发展为教育重心的新型教育。未来教育将更加重视教育全过程、教育体验，而不是仅仅关注结果。

第1节 未来教育打破空间限制

未来社会学习场所不限于学校和家庭，会进一步多元化、多样化。教育资源越来越丰富多样，技术越来越先进，就会打破空间的限制，能够学习的场所也会不断增加。未来学校不仅能够满足适龄学生的各种学习需求，还可以为各个年龄阶段的人群提供个性化服务，未来学生将拥有更多的学习自主选择权。

1. 打破班级概念

在未来教育中，我们的教室将会被颠覆。克莱顿克里斯滕森研究所的联合创始人迈克尔·霍恩（Michael Horn）表示，未来我们将不会有"教室"，学生将在一个以学生为中心的环境中学习，我们称之为学习工作室或者学习中心。在未来，教室不再是学习的唯一场所，班级也不是由几十名学生和一名班主任和多个任课老师组成的小单位。传统的教育模式下，孩子们统一时间上课学习、吃饭、参加校园活动等，每天的行程都被大致固定化。流水线式的学习方式，让学生对这套流程形成了依赖，习惯于周围熟悉的同学、习惯于学校安排下的课程学习，当学习流程其中一环被打破，就会让学生缺乏安全感，难以快速适应，这既不利于学生个性化发展，也不利于培养孩子的全面成长。

现在的班级的设置和老师的安排都是基于集中授课而建立的，每个班有固定的学生人数、精准的学习时间和固定的学习内容。在未来，学习空间将服务于个性化教育，每个学生都有自己的专属课表、特色的学习内容，以及不同的学习时间，传统的班级模式将会被打破。未来教室会变成一个交流中心或学习中心，学习中心没有固定教室，每个房间都要预约①，并且学习中心的环境是灵活可变的，学生们有自己的定制化课表和自己的活动小组，房间内部的组成会根据学生们的学习需求来灵活改变，房间的桌椅板凳也是可移动的，当学生想要自主学习时便可以自行布置桌椅在相应的区域内学习。学生们想要进行小

---

① 朱永新.未来学校：重新定义教育［M］.北京：中信出版集团股份有限公司，2019.

组讨论和研讨会，可以组合更多的桌椅进行小组学习。

除此之外，学习中心的教室也是一个智能空间，人工智能系统会通过对不同学生的学习行为与习惯进行跟踪与分析，提出辅助性的意见与策略，让学生们更好地开展个性化学习。一方面可以利用物联网技术对室内的温度、光线等进行实时监控，通过对教室的灯具、空调、窗户和新风系统等进行调控，为学生们创造更加舒适宜人的学习环境，为个性化学习创造条件。[①]另一方面房间内丰富的学习资源库和先进的技术设备帮助学生进行个性化、智能化学习。同时大数据技术会追踪每位同学的学习情况，老师利用数据来分析每个人的学习认知水平，对学生们进行针对性的建议并协同他们定制自己的学习方案。学生成为教育中的绝对主角，每个学生都是学习中的主角。

2. 打破学校概念

在未来，学校变成学习中心，高校也不会再被冠以"985""211""双一流"这样的头衔，学校等级被淡化，学校从按分数排名的筛选录取制变成注册制，学生们可以按自己的兴趣爱好选择注册自己喜欢的学校，修读完专业指定课程后便可以拿到毕业证和学位证，或者是数字证书。

人工智能技术应用到教育领域，会改变大学的学术核心，实体学校不再是封闭的教育机构，而是各类教育服务提供者之一，与社会专业力量共同提供可供学生选择的教育服务，为学生提供多样化的发展机会。孩子们的求学路将从窄变宽，不用将分数的压力背负在身上，

---

① 曹培杰. 智慧教育：人工智能时代的教育变革［J］. 教育研究，2018，39（08）：121-128.

孩子们也将从我该怎样去学让分数更高转变为我该学什么才能让自己变得更好，让学生从对分数的关注转变为对自己的关注。老师和家长也不用因为孩子们的分数和升学而感到苦恼和担忧，老师和家长们也会将关注点从分数转移到孩子们身上，有更多的时间来了解孩子们并且引导他们按照自己的方式和兴趣来个性化学习，培养他们成为个性化和创新型的人才。

现在的学校办学相对独立，每所学校有自己的循环系统。学校基本都是较为独立的个体，尽管校园之间也会有联盟和友好合作，或者学校之间开展交流会议或者学生之间交换学习，但这只能让少数学生受益。未来学校的形式有很大的改变，学校之间的联系更加密切，形成学校空间网络，并且学校的形式不仅有实体型学校，也有新型的网络虚拟型学校。实体型学校就是学习中心，学习中心的组成部分十分丰富，不仅有现在的大学、图书馆、博物馆、社区甚至是现在的校外补习机构都是学习中心的一部分，拓展了学习的公共空间。网络虚拟型学校的建立成为高校间资源共享的媒介，打破资源信息的壁垒，便于所有学生获取最顶尖最前沿的学习资源。学校壁垒打破后学生有更大的自主选择权和获取更丰富的教育资源，满足学生们个性化的学习需求。

3. 打破地域限制

学习中心的出现，打破了学习的地域限制。未来学校因为形成了空间的网络，每个学习中心都是网络中的一环，不论是在哪个学习中心学习课程，都可以实现相互认证，想在哪儿学就在哪儿学成为可能，学生可以获取的资源都是一样的，可以按照自己的实际情况选择适合自己的学习中心和地点进行学习。

目前的教育情况是学生白天在学校上课、学习，晚上和周末还要参加补习班进行知识深度拓展，不仅来来回回十分忙碌，还会在学生和家长之间造成焦虑感，别人家的孩子学了而我家孩子没学就会落后的想法影响着很多家长。正如前文所说，传统学校、图书馆和校外补习机构都是学习中心的组成部分，所以未来教育中也不存在校内学习和校外补习这种概念了。

除此之外，未来学习中心不仅在同一国家内各学校之间将不再有墙的隔阂，在国际上也没有了界限，未来学校会形成全球性的教育互通平台网络。在中国你可以体验美国、英国的学习，在国外也可以体验中国的教育。在全球教育资源互通的情况下，学生们可以在自己的研究领域中获得最优质的教学资源。如现在教育中MOOC为我们提供了丰富的教育资源，你可以在网站上找到世界各国一流的视频课程，学习完课程后，便可以获得证书。虽然现在MOOC中学习其他学校的课程的证书还没有得到学校认可，但在未来随着更多的教育资源的投入，人工智能与教育的深度融合，不论是国内学校还是国际学校的课程和学分都可以互认，只要在学习中心将课程修读完成便可以得到学分认可。

未来学校打破地域限制后，将会让学习变得更加便利。今年新型冠状病毒在全世界暴发，学生们不能返校参加学习，尤其是海外留学生更是陷入了选择困境。如果选择在国外继续学习，不稳定的疫情随时威胁着他们的健康。如果选择回国进行线上学习，不仅回来的路途困难重重，时差也是在线学习的一大问题。纽约大学就为疫情期间展开学习提供了新思路，让不同国家的学生们就近入学，在中国的学生们被安排到了上海纽约大学就读，这种方式让学习更加便利化。

未来学习中心就近入学成为可能，各个学校之间教育资源互通，学生们可以在任何地方想学就学，减少了时间成本和资金成本，并且基本上不会因为特殊事件打断连续学习。人工智能时代未来学校是"实体学校＋虚拟学校"，是"技术、空间与课程的深度融合"，将从"批量生产"模式走向"私人订制"模式，学生可以用最适合的方式进行学习，每一个学生都能享受量身定制的教育服务。

第2节　未来教育打破时间限制

未来的学习场所多元化，学校将变成学习中心。学生的学习时间将会更加有弹性。除了学生的上课时间和学习期限变得更加灵活外，学生的年龄也不会被限制，学习不再只是针对适龄儿童而是对所有想要学习的人开放，泛在学习和终身学习成为可能。未来学校或者学习中心不仅能够满足适龄学生的学习需求，还可以为各个年龄阶段的人群提供个性化的教育服务。

1. 课堂没有时长限制

在未来学习的时间会更加富有弹性，学生的学习时间不再被学校严苛规定，精确规划。为了适应规模化和大众化的教育，目前学校把学生每天的时间安排得特别紧凑，每天都有固定的课堂安排和时间的划分，每节课的时间通常设置在40或45分钟，一门课结束后休息几分钟又立即投入到另一门课程的学习中，同学们的思绪还停留在上一门课中，思考上一位老师讲的内容，就被迫调整进入另外的课堂学习，这样的时间设置不仅不利于学习知识的连贯性，更不利于培养学生深入思考问题的能力。并且不同学生对知识的接受和领悟能力大不相同，这样就会导致有的同学不能很好地掌握课程内容。

未来教育将会打破45分钟的课堂机制，课堂时间不再被分割成短小而又紧凑的时间。人工智能技术与课堂深度融合，为每个学生建立专属数据库，依据孩子的学习能力来制定学生个性化的学习时间，对于数学、物理、化学等逻辑性强的学科会划分大块的学习时间让学生们进行深入的学习和思考，构建逻辑思维能力。对于语文、历史、政治等人文学科还会划分出集中的阅读时间，对学科相关的书籍进行广泛的阅读进而增加知识的广度，训练语言思维能力。除此之外，学生的学习时间不仅仅包括语、数、外等基础性课程的学习，还包括小组讨论时间、独立学习与反思时间、艺术鉴赏手工制作等，既有基础知识的学习又有兴趣爱好的培养。既有集体学习时间，又有自己独立学习时间。学生们的课程表中课堂的数量安排将由繁变简，但课堂内容会由单一与枯燥变得丰富与灵活。

现在45分钟的课堂除了不能让学生深入学习与思考外，还因为时间有限不能让学生有效地解决课堂上遗留的问题。未来教育借助人工智能的技术，一方面学生可以在教学平台上对不明白的知识点进行反复学习，直到通过平台上的过关练习，真正掌握知识，这样一来学生们不用担心时间不够耽误其他学科的学习进度。另一方面人机协作的教育模式中，教师角色转变成解惑者、陪伴者。教师有充足的时间与精力专注于学生的学习和个性化的发展。人机协作能够充分掌握学生的学习信息，制定合理的课程节奏和有针对性的答疑解惑。对于学生来说，学生们有独立自主思考问题、解决问题的时间，教师们也不会因为课堂时间不够赶进度对知识点草草略过，或者是占据其他课堂的时间。

2. 学习期限灵活可变

在未来教育中，学习期限将更加灵活。我国教育中，从小学到大学都是分为春季和秋季两学期，周一到周五是学习日，周六周日放假休息，并且学期与学期之间有寒暑假。20 世纪的中国主要还是以农业为主，7、8 月份是农忙季节，学校放暑假可以让孩子帮助家里干农活。随着经济的发展，大部分学生不再需要帮助家里干农活，假期有了新的意义。现在教育竞争激烈，为了在选拔考试中脱颖而出，学生们学业任务重、压力大。一部分学生将暑假看作调节生理和心理的时间，有的学生为了课程衔接问题和提升自己的学科能力选择在假期报补习班继续学习，还有部分学生玩耍着度过了假期。在较长时间的假期中，一部分孩子学习需求得不到充分满足，另一部分自控能力差的孩子没能合理安排好时间，开学时很难融入下一阶段的学习。

学习是长期性、连续性的过程，中途被打断不利于学习的连贯性和对知识的深入的探索。未来学生们不用为了分数和获得名校录取资格辛苦地学习，学生们将会从关注教育结果转换成关注教育过程、关注自己的发展。为了配合这一系列的改变，学习的期限也不会被限制。学生按照自己的兴趣爱好和学习需要来合理安排学习时间与周期，实现学习内容的定制化，学习进度自由化，人们可以随时随地利用最好的资源进行学习，连续性长期地学习，形成自己的系统化自主性的学习。不仅如此，学习时间还可以根据家长的工作时间进行灵活的安排，家长主动参与到学生的学习与生活中有利于孩子的成长。

学习期限的限制不只是针对寒暑假，还针对人们学习的全过程。

现在的教育主要是从幼儿园到大学，有部分人会选择继续学习、进修，读个硕士或博士研究生，然后再步入社会开始工作，学习与工作的时间界限分割得太明显，学习与工作没有能够很好地进行融合，导致大部分学生不能学以致用。在未来，学习与工作的时间界限将会越来越模糊，学习与工作有效的融合会让学生更加明白自己在学习中想要什么，想要成为什么样的人，按照什么方式去做。这样未来教育才能做到因材施教，培养个性化的人才。

3. 学生没有年龄规定

在未来学校里，教育不会对年龄划定明确的界限，只要自己想学就可以来学，同学之间年龄相差特别大也不再是件稀罕事了。现在的教育是适龄教育，必须严格按照教育部规定的年龄入学，特别是小学的入学规定极为苛刻，6岁成为孩子能否读书的一道坎，为了让孩子能够早入学早读书，家长在怀孕时就计算着孩子出生日期，原本预产期在9月，便会在8月31日前剖宫产让孩子出生，否则孩子的入学时间就会晚一年。适龄入学政策的长期执行，导致现代教育中学生年龄结构单一化。年龄相似的孩子所处的时代背景相同、接受的内容大体上差不多，这也是现代学生思维同质化的原因之一。

未来学校中传统课堂的模式改变，打破了传统学习周期，混龄学习成为现实。无论是5岁、8岁、10岁还是在其他年纪入学都会成为教育常态，适应能力强、学习意向高，便可以早点入学。能力稍弱还未准备好的孩子可以晚些入学，遵从每个孩子的独特个性和学习习惯，据此来选择合适的入学年龄。由于不同年龄学生的思维方式是有差别的，混龄学习学生可以互帮互助，从不同年龄学生身上相互学习，让学生们不论是在学习上还是生活上都会有新的思考。例如，在新型教育学校 AltSchool 非常鼓励和推崇学生的个性化发展，学生们可以根据自己的兴趣爱好自主选择课程、项目等。学校还专门设立了瑜伽、外语等 Co-Curricular 的课程，不同年龄和不同年级的学生选修了这门课，他们在一起上课，打破了年龄的限制，完全是以兴趣为导向，激发孩子们的学习动力。

除此之外，未来的教育将会拉长学习的年龄宽度，几岁的小孩和 60 多岁的老爷爷会成为同学。现在有学前教育、义务教育、高等教育、成人教育、老年大学等，不同教育阶段似乎有较为严格的年龄区间。未来教育是面向所有年龄段的人。未来教育打破了空间和时间的限制，人们可以随时随地进行学习，人们可以利用碎片化时间进行学习。不管是哪个年龄段的学习者，任何时间都可以进入校园学习，找到适合自己的课程和学校，不断地补充新的知识和能量，泛在学习和终身学习将会普及，个性化的学习成为可能。

第 3 节　学习方式与模式灵活化

现在的教育大都是规模教育，学校少则几百上千人，多则上万人，每一个班的人数都是在 30—60 人，大学里有的班级甚至达到上百人。大班制、规模化的教学一个最大的弊端就是忽略了学生的差异性，出现人才培养的同质化，培养的学生缺乏个性化和创新性。人工智能将彻底改变学习方式和模式，未来的学习方式和模式也会更加灵活多变，以满足个性化和终身学习的需求。

1. 线上线下教学同步开展

人工智能的迅速发展将打破时间和空间的限制，学生有了更大的自主权。学生可以按自己的学习计划想什么时候学就什么时候学，想在哪里学就在哪里学。家、咖啡厅或是公共图书馆都能成为学生的课堂，这样可以节省因为往返学校带来的不便。未来教育中学校之间建立资源共享的网络平台，线上课程资源非常丰富可以让学生们自由选择，并且线上课堂信息化和可视化的教学内容让学生们更容易理解。除此之外，学生还可以根据自己的线上学习数据发现阶段性学习的优势和劣势，灵活地调整自己的学习内容，不懂的知识可以多次重复学习，弄懂了的知识可以快速通过，这都是线下课堂不能实现的好处。

尽管线上课堂有很多优势，但不能完全脱离线下课堂。因为人是社会性动物，具有集体性、社群性的属性，虽然利用人工智能相关技术可以让学生们身临其境般地学习，但毕竟都是通过无线技术沟通的，人际交往和情感交流是有限的。人与机器最大的不同就是人具有主观能动性、具有意识。只有通过面对面的交流与沟通才能增强情感和意识及集体认同。所以从根本上来说，这样一个线下互动平台作为社会活动的场所，也是线上课堂实现不了的。线上课堂和线下课堂相互配合、相互补充共同满足学生的个性化学习服务是最好的方式。

美国的阿尔特学校就是将线上和线下学习很好结合的例子。学校里没有一个教师需要全权负责，他们不需要备课，也不需要组织课堂讨论、展示材料或是测验打分。只需要在空余时间关注每个学生的学习进度，解决他们各自的难点，然后比工厂模式更深入地分析他们的学习成绩就可以了。阿尔特学校的一名学生告诉《经济学人》："我觉得这里的老师真的很了解我。"值得一提的是,学生每天在电脑上只花费 20%—30% 的时间,这让老师们安心了不少,因为他们总担心教育会失去人文关怀,也担心会丢掉自己的工作。政府和学校也都注意到这点,学生每天花费在电脑上的时间只有全部学习时间的四分之一。

2. 小班制灵活教学

现在的教育模式是工业革命的产物,为社会培养产业工人,这种教育模式被称为"工厂模式"。大班制学生人数较多,不易开展个性化教学。对大多数学生来说,在大班制教学中很少有机会表达自己的意见,并且这种情况会从被动减少发言机会转变为学生不愿意在全班同学面前发表自己的意见和观点。由于缺乏这方面的锻炼,会使学生在公众面前缺乏自信和安全感。对于教师来说,较高的师生比率使教师很难兼顾好每个学生的个性化需求,教师除了正常的上课以外,还有备课、开会和教育评估等很多事情需要去完成,因材施教难以开展。

未来大班规模化的教育模式将不复存在,取而代之的是小班个性化教育。一方面,小班化教学由于学生人数较少,给学生更大的学习空间资源和自我学习的机会。另一方面,每个学生表达展示自己的机会增加了,能够让学生发表自己的见解和想法。小班化的教育中教师有更多的时间兼顾到每个学生发展,为学生提供引导,现在个性化教育只有在贵族学校能够实现。人工智能的发展能够解决现实的资源约束问题实现小班化教学,并且人工智能进入课堂后,大大减轻教师的负担,让教师有更多的时间关注到每一个学生。数字化、可视化报告让教师对学生学习情况和个人发展非常了解,有利于对每个学生进行针对性的引导。

小班个性化教学已有很多成功的案例，如美国 2009 年创立的关于中学数学项目的 school of one 教学模式，一共有六所纽约的学校参与该项目。学校办学理念是让每个学生都可以按照自己的节奏来学习。该项目运用的学习算法能针对每位学生的需求、优势和最佳学习方法为其制订独一无二的每日学习计划。学校的几大特色：第一，教室是开放式的，教室里有可移动的桌椅和多个学习角。第二，学生既可以独立学习，又能和同学、老师合作学习。第三，教师数量充足，学生与教师的比例为 10∶1。2010 学年度的最后两个月，有超过 600 位来自三所学校、程度不一的纽约市六年级学生，参与了 school of one 计划来学习数学，学生学习效果非常显著。他们比接受传统教学法的学生多学了 60%，相当于一年半的学习内容，质量等同于由前 2% 最佳师资教出来的学生。

3. 多种学习方式促进个性化培养

未来由于学校概念被打破，不再受学历的束缚，学生可以根据自己的学习兴趣进行自主学习，通过不同的学习方式如体验式、项目制、游戏化和沉浸式等进行学习。未来人工智能发展使得学生能够获得更加丰富的学习资源，有利于实现个性化的培养。如德胜—鲁班（休宁）木工学校是体验式学习的例子，这是专门培养木工技术人才的学校。美国《时尚先生》杂志中文版 10 月号，以 30 个页码篇幅隆重推出"中国 60 个新希望"专题，德胜—鲁班木工学校成为唯一一所入选的中等职业学校。学校的文化课与实训课的时间比例是 3∶7，教学上实行陶行知倡导的"小先生制"，在实训中师兄带师弟，这种"小先生制"

创设了一个学生宽松学艺的心理场，有利于师兄师弟的共同成长。

项目制是一种先进的教学方式，没有学科之间的边界，项目内容跟真实生活是没有界限的，学生们在一段较长的时期内调查和应对一个真实、有趣而复杂的问题或挑战，从而学习有关的知识和技能，并且能够有效地激发孩子们的创造力和想象力。例如，美国的萨米特中学将项目制学习方式运用到教学中，在一次课堂上定制的主题是美国梦，黛安娜要求学生们各自选择一位历史上的人物，让学生们展开联想，这位人物会带哪些行李去美国。同学们因为这堂课对历史人物产生了浓厚的兴趣，学习成果也完全超乎老师的想象。其中有一位名叫凯西的女孩，她的项目成果展示格外引人注目。陈述当天，她带了一个真正的行李箱来，里面装着所有她认为那位历史人物会携带的个人用品，并把自己装扮成历史人物的模样，从她的角度给大家慷慨激昂地讲述了一个引人入胜的故事。也是因为那次的课堂体验，让凯西对美国梦的历史产生了浓厚的兴趣。

第4节　教学内容更加个性化

未来教育将打破学习空间和时间的限制，学习方式将更加灵活化。未来教育将从以教师为中心逐渐转变为以学生为中心，由应试教育变成素质教育。未来所有的学习安排都是围绕着学生来展开的。以学生为中心最重要的就是学习内容定制化和个性化，学生不再使用统一的课本、按照统一的进度安排、学习相同的内容。每个学生根据自己的兴趣爱好选择相应的内容，制订自己的学习计划及按照自己的进度进行个性化学习，不需要按照大纲规定的标准内容来进行学习。

1. 课程内容定制化

现在的课程内容主要是围绕着教材展开的，而教材又是根据教学大纲来编写的，同一班级使用相同的教材，学习相同的内容，进行标准化的考试，这就是工厂模式的大众化教育。甚至在生活上，学生在学校必须进行统一的着装，留着规范的发型等。在学校里学生大部分都是按照统一、标准化的要求学习和生活。本应该是千姿百态、丰富多彩的校园生活像工厂一样。在这种教育模式下，通过因材施教来培养个性化人才是非常困难的。"特色办学"也时常被提起，尽管在教学方式上有了进步，让教育变得更加灵活，但大体上还是在传统教育模式下进行变革，没有实现如何让每个学生成为教育的中心，实现个性化人才培养。

未来人工智能将重塑教育，彻底改变教学内容和方式。根据每个学生的特点定制相应的课程内容，实现个性化人才培养。人工智能通过对学生数据的全面掌握，准确刻画学生的个性特征与学习需求，然后对学习资源和使用状况进行分析，实现资源特性的标签化，并根据每个学生的真实需求，智能化推送合适的学习资源，以实现学习过程的个性化。[①]未来课程内容不再按照文理科进行划分，未来学习内容不再局限于数学、语文、英语等主课，如艺术、历史和劳动等课程都会成为学习的主要内容。在人工智能技术的支持下，学校突破了地域和国界限制，学生可以根据自己的兴趣、爱好学习各种课程。

例如，可汗实验学校（Khan Lab School，KLS）就是让学生自己

---

① 吴晓如，王政.人工智能教育应用的发展趋势与实践案例［J］.现代教育技术，2018，28（02）：5-11.

来定制课程内容的。可汗实验学校的老师不会制订固定的死板的学习计划和目标，学生每周会跟自己的老师进行一次讨论，导师会给出建议，老师只是问他们一些简单的问题，比如你为什么要这么做，但最终还是学生自己设定目标。学生能管理自己的学习，根据自己的步调来学习。老师也会给学生布置一些任务，但根据个性化的教学，老师会给不同程度的学生不同的任务。可从学校的作息时间表中得知学生大多数时间都是自己在管控学习（表 8-1），增强了他们的独立性、自控性和管理性。

表 8-1　可汗实验学校学生作息时间表

时间	课程	内容
9：00 — 9：15	上午会议	全校范围的会议，学生将得到今天的最新消息，观看同学作品和同学建立联系。
9：15 — 9：45	导师指导时间	导师指导学生设立自己的个人目标，引导学生思考如何去实现。
9：45 — 10：45	上课或者完成自己的项目	数学、科学、英语、艺术等。
10：45 — 11：00	休息	
11：00 — 11：30	上课	外语学习，老师利用 Lexia 和 LightSail 来评估学生的阅读水平，和遇到困难的孩子单独沟通。
11：30 — 12：00	心灵时间	通过不同的方式如音乐、舞蹈、瑜伽等学会控制自己和内心的平静。
12：00 — 12：45	午饭	
14：00 — 16：00	项目时间	各小组进行自己的项目。
16：00 — 18：00	延长的一天	可选择完成自己的目标，教师会在旁指导。

2. 学习进度自由化

在工厂教育模式下，一个很大的弊端就是同一个班级学生的教学进度一模一样。但是每个学生的情况是不同的，有的学生学习和理解能力会高于同年级的学生，还有很多学生学习和理解能力较弱。在这种情况下，就会出现有些学生学习进度较快，而有些学生学习进度较慢。教师按照较慢进度来授课，学习和理解能力强的学生会感到浪费时间，而如果按照较快进度授课，学习和理解能力较弱的学生会感到非常吃力，压力很大，这样教师无论按照哪种进度教学都无法满足学生的个性化、差异化需求。这种情况下，教师在设计教学进度时往往考虑大多数学生的情况，满足大多数学生的学习进度需求而忽略少数学生的需求。

未来教育打破了学习时间和空间的限制，每个学生可以根据自己的进度、节奏来制订自己的学习计划，当知识测评过关后便可以进入下一步的学习任务。当学习遇到问题时，可以借助线上课堂对知识点进行重复学习，彻底掌握知识再学习其他的内容。不用再像传统课堂上老师要等大部分人都掌握这部分知识后再进行下一章节的教学任务。除此之外，学校不会再按照年龄来规定入学，九年义务教育和美国的 K12 不再成为主流，能力强的学生可以提前进入更高阶段的学习中，不再受到年龄的限制约束，gap year 不会再成为怪异的现象。在未来 15 岁读大学或者利用 gap year 体验工作寻找未来方向会成为常见的现象。

已经有学校开始为学生定制自由进度的学习模式。如塔霍探险学院是萨米特旗下的一所学校。学生每天都先登录自己的"个人主页"，查看自己的阅读、视频和测试清单，然后与老师协商决定当天要学习的板块，而具体内容由他们的喜好和需求决定。另外，可汗实验学校的学生在学习传统学科时，按照每个人的进度进行自主学习。上课时，他们各自通过自己的电脑按照规划的内容来学习，当遇到问题时，点击对话框就可以和老师交流，老师来帮助学生答疑。

3. 学习难度自定义

未来学习内容更加丰富、更加个性化，学习的难度也会依据个人的发展进行自定义。现在一直倡导给学生减负，但政策效果不明显。如公立幼儿园执行国家的减负政策，不教孩子语文、数学、英语等课程内容，当孩子升入小学后，小学老师则默认孩子们在幼儿园学过这些知识，结果导致孩子很难度过这个衔接期。家长就不得不带着孩子上补习班。如果选择私立幼儿园，学校会教孩子语文、数学、英语等课程，私立幼儿园学费昂贵，这使家长陷入两难境地。此外，对学生的评价以考试成绩为主，而对学校的评价则是以升学率为主。学生和学校都有很大压力。因此，不断地提高学习标准，学习内容越来越多，越来越难。这样让所有学生学习同样的内容，用相同的难度标准来要求每一个学生，造成学校中很大一部分学生达不到要求而被淘汰，被摧毁了自信心。[①]

对大部分学生而言，要大幅降低学习难度，没有必要学得那么难。降低学习难度后，减少强制性的学习科目，可以让学生们有更多的选择权。未来学习中心的建立，打破了学校的定义后，学生注册制入学，

---

① 朱永新.未来学校：重新定义教育［M］.北京：中信出版集团股份有限公司，2019.

升学压力也会大幅度降低，教育的标准也会随之发生变化，会降低整体学习难度。[①]学生需要掌握的是基础知识、简单的学科知识以及生活常识。每个学生的情况都不同，学习评价也不再是分数和排名，而是个人自身发展情况对比。与此同时，学习难度降低后可以为学生节省出更多的时间进行其他学科的选择。课程学习难度和深度可以按照个人能力、兴趣爱好和未来发展路径来选择，开展个性化的学习。学习难度的降低并不等于学生整体竞争力的下降，每个学生对人生的追求是不同的，热爱科研和学术追求的学生不会放弃钻研，他们会充分利用学校网络教育资源平台深入学习，为国家和社会的教育和科技发展做出自己的贡献。

---

① 沈娟.人工智能时代教育改革创新研究［J］.社会科学动态，2020（02）：85-90.

第9章　人工智能时代有利于实现教育公平

教育公平是教育改革的重点内容之一，它是完善人才培养结构，强化人才培养体系的重要支撑。目前加快推动教育信息化，促进城乡教育公平发展的要素更加全面，线上教育、云计算、智能教学与科学管理均被看作推动教育公平的重要举措。2018 年国际学生评估项目（PISA）结果显示，我国在教育公平方面取得了一定的成果：北京、上海、江苏、浙江改善教育公平的成效显著，但仍存在较大提升空间。成果显著方面主要表现为硬件公平上城乡差异缩小，薄弱方面主要表现为乡镇师资力量薄弱、城乡教师教学技能差异大等问题。

教育系统中存在不公平的现象与我国强调高速发展的复杂历史因素有关，也与我国幅员辽阔、地区发展存在差异的现实因素关系密切。未来人工智能快速发展将会重塑教育，优化教育管理，为改变当下更为复杂、因素更加多元的教育不公平现状带来了契机，有利于实现教育公平。人工智能的联通性、智能性为实现区域间的教育同质化与特殊教育公平提供了切实可行的路径。

第 1 节　有利于实现区域间教育公平

人工智能技术发展推动教育的变革，破解了当前存在的复杂难题，能够有效地提高教学资源的整体水平，解决教师资源短缺及优化教师资源配置问题，这有利于实现东部、中部、西部地区之间，城市与乡村之间，城市内部不同区域以及家庭之间和特殊教育与普通教育之间的教育公平。未来社会教育公平能否实现不再是资源与技术的问题，而是教育全纳的问题。

1. 提高教学资源整体水平

人工智能技术与教育的深度融合，解决了目前很难突破的技术难题，在不同区域之间都可以普及优质的课程资源和打造优质的教学设施，进而提高教学资源的整体水平，有利于促进不同区域之间教育公平的实现。

（1）普及优质课程资源

利用人工智能网络体系，打破了空间的限制，未来教育可以实现地区间的同质化。首先，传统的以学校为单位单独进行课程开发与讲授的模式将不复存在，通过建立智能化的整合系统，人工智能可以对教育库中现存的课程资源进行分类评估，建立课程分级平台，整合教育库中最优质的课程资源并将其共享到每个课堂中。课程研发教师可以通过网上"晒课"[①]的方式上传课程资源，智能课程评估系统对全平台同类型课程进行级别划分后，被判定为优质的课程资源将进入全地区的课程实践与推广体系。这种重质量、重竞争的课程开发模式，一方面可以提高有能力的课程研发教师提供优质课程资源的积极性，另

---

① 闫寒冰.我国信息化促进教育公平的演进特征与路径研究［J］.中国教育学刊，2019，317（9）：22-26.

一方面也提高了优质课程资源的利用率，通过顶级课程资源的同质化覆盖，薄弱地区的课程质量将得到提升，地域间存在的教育差距也得到了弥补。

其次，教育可以实现地区间的同步化。人工智能技术的发展将扩大在线课堂教育规模。直播课堂可以实现数万人、数十万人同时在线，打造一堂名师课程服务百万名学生的高效授课模式。直播平台可以实时收集并智能反馈学生的疑问与诉求，出现频率最高、最亟待解决的课程难点将传递给授课教师统一讲解，非规模化、个性化较强的问题将由智能答疑系统辅助解答，力图在一对万的授课过程中也能做到对每位学生的精准辅导。而虚拟现实、全息投影、3D建模技术的发展，也将大大提升教学的资源获取与展示能力，使每间课堂都有机会成为一间小型虚拟实验室，打造沉浸式教学。空间限制不再成为学习的阻碍，轻轻一点，埃及金字塔的全息投影就会出现在学生面前，学生可以通过触碰了解埃及金字塔的每块砖石、每个角度，沉浸式的课程教学将实现更理想的教学效果。

在提供优质课程、扩大课程规模、打造沉浸式教学的课程系统下，区块化、单独化教学所导致的学生群体之间存在的资源不公平状况将消失，同档优质课程资源的大规模普及使得资源垄断的壁垒被打破。精英课程的全覆盖式推广可以将所有学生都纳入精英教学系统中，无须翻山越岭，无须投入单独开发成本，身处西藏、贵州、青海的学生也可以获取到顶尖的课程资源，人大附中、北京四中、八十中等教学名师不再将自己的授课范围局限于一间小小的教室内，只要拥有网络信号，课程影像、直播课堂可以通过互联网技术到达各地的终端设备。在教学资源差异导致的教育不公平中，课程差异往往成为导致不公平的主要原因，而人工智能技术的介入，则为打破这一差异提供了无限可能。

（2）打造优质教学设施

传统的课堂教学仅仅局限在二维平面中，即使计算机技术的发展使得每间教室都能引进多媒体终端，但实际上，音频、视频、图片所能提供的想象空间远比亲眼所见的学习效果弱得多。当虚拟现实技术引入教室，智能化教学设施助力课堂教学时，课堂实验教学便不再纯粹是想象与模拟的过程，教师可以通过利用智能教学终端，更高效地向学生教授那些有展示难度的课程内容。

人工智能技术可以使学校配备更智能的课堂教学设施，保证立体沉浸式学习得以实现。在建筑学院，桥梁建造模拟课程可以多维度、多细节地描述珠港澳大桥的铺设过程与原理；在医学院，手术模拟课程可以无限放大毛细血管与肌肉组织，使学生更加完整地掌握人体构造；生物实验室中，一个简单的细胞也可以被放大为篮球一般大小，立体地呈现在学生眼前，无需高度显微镜，细胞膜层数、线粒体、叶绿体也能清晰可见；而在地理课堂上，丹霞地貌不再是需要在图片、视频中看到的色彩，无须离开教室一步，虚拟现实技术可以立即使学生站在这片红色的大地上。通过运用 VR 技术，教学能够真正达到身临其境的效果，学生也能在沉浸式学习的体验中更加快速、深入地理解那些晦涩难懂的课程内容。

同样，在校园公共设施方面，人工智能技术也可助力打造现代化校园。教学区域将有望引入智能化桌椅，根据每位学生的身体特征调整高度与角度，在提高舒适度的基础上辅助学生养成更加科学、健康的学习习惯。校园安保将更加完备，人脸识别、虹膜识别可以更广泛地纳入日常维护系统，覆盖全校范围的安全监测将能更加精准地定位风险区域，并制订科学的应对方案回馈给管理人员。

在人工智能广泛应用于教育基础设施打造的智能教学环境中，高科技学习终端、高速网络资源、高智能公共系统将成为每所学校的必备项目。智能技术发展将促进智能终端的量产化，促进智能传感器、智能穿戴设备、视频处理模组进入校园。通过在教育系统普及打造智能化校园，偏远地区设施老旧、落后的情况将被扭转，有利于保证优质课堂、远程课堂的同步共享，有利于促进教学管理、促进学生发展，解决薄弱地区的教育不公平问题。

2. 优化教师资源配置

当前地区间尤其是城市和边远地区之间的教育不公平主要不是硬件等基础设施的差异，而是教师资源的匮乏。在边远地区生活和居住条件都很艰苦，很难留住教师，造成边远地区教师缺乏。目前主要靠民办教师、支教和志愿者等方式解决，但师资队伍非常不稳定，满足基本的教育需求都很困难。因此很难实现地区之间的教育公平，尤其是城市与边远地区之间的教育公平。人工智能技术不断完善，虚拟教师出现能够弥补教师资源的不足，同时还能减少人类教师的负担。

（1）虚拟教师"教书"

在转变教育模式促进教育公平的理念中，教师群体是非常重要的一环，我们需要依赖教师群体实现对学生密切的关注与个性化的指导，但事实上，在现实中，教师群体可能并没有时间与精力关注到教学范围内的每个学生。在学校里，教师的任务往往比学生更繁重，一名教师可能要同时承担起这些责任：课程设计、备课、授课、作业批改、监考，如果同时担任了行政职务，那么学校行政事务的加入又给教师的时间管理增添新的困扰。

提高教学效率的智能系统则能大幅减轻教师负担，提高学生培养效率。大数据技术可以将系统的认知性技能整合处理，将部分知识点化、结构面化的认知课程讲授从现实教师的任务表中移除，将"教书"环节托付给虚拟教师来执行，实现重复性教学的替代。例如课文讲述、试题讲解、知识点分析、口语练习、作业批改等，这类工作可以交给虚拟教师或智能助理来承担，从而让教师将更多精力放在创造性教学与学生个性化培养上。

在大数据与人工智能的辅助下，这样一种场景得以实现：学生坐在书桌前学习，身前由虚拟现实投射出的虚拟教师正在讲解课本上的知识点，并且能在常规化问题上提供简单指导。这不仅解放了现实教师，使教师能够全身心投入学生的能力培养上，同样，这种虚拟教师"教书"制也使陪伴式学习场景变得更易实现。即使赋闲在家，学习也不会是一件低效率的事，虚拟教师可以监督学生进行时间规划与课业执行，不断锻炼学生提高自主学习的能力。无须付出任何额外的人力成本，认知性技能可以得到传授，低效率、注意力转移等问题也可以在虚拟教师的监督下得到解决。因此，在人工智能参与教学的过程中，教育效率低、质量差将不再是一个难以解决的问题，全息投影技术可以使虚拟课堂变得更易实现，打造一名虚拟老师，即可实现对讲台上数万名老师的解放。而在学生看来，全息投影课堂与他们平时上课的方式并无两样，他们依旧可以看见老师站在讲台上，触手可及地为他们讲述新课程。这样不仅能够弥补教师的不足，还能为不同地区的学生提供高质量的教学服务，促进教育公平的实现。

（2）现实教师"育人"

当我们在教室中通过终端设备就能看到来自远方的精英教师的线上课程时，当我们借助虚拟教师就可完成对知识点的传授与讲解时，是否校园中现实教师的存在就不再必要了？答案当然是否定的，我们依旧需要在学校配备优秀的、现实的教师资源，只是在精英课程全面覆盖的基础上，教师群体的主要职责发生了转变：从负责课程讲授转变为对学生进行针对性的答疑与讲解，教学任务的减轻使得小班教学制内的个性化培养轻松实现，教师能够从"教书"的繁重负担中逃离，将精力投入"育人"的过程。

首先，教师可以跳出知识传播的范畴，实现对学生的创造性教育与情感能力培养。通过借助人工智能分析，教师可以对学生的学习行为数据、认知表现数据、兴趣与能力偏好等进行深度挖掘，从而精准把握每个学生个体的认知特征以及所负责的学生群体在发展中展露的共性问题。通过人工智能采集教育行为类数据[①]，将师生互动过程中产生的答疑与指导行为、提问与对话行为、评价与激励行为等进行记录归纳，可以有效地对教学图谱进行构建，从而总结出个性化辅导以及解决教育问题的新方法。

其次，教师可以通过人工智能辅助记录学生课堂表现，通过借助计算机视觉、图像识别、生物特征识别技术达到对学生进行学情监测的目的。[②]通过对课业的参与度、喜爱度、接受度、投入度等，帮助教师实现对现有教学资源的科学评价与提升优化。在人工智能参与的

---

① 李振，周东岱，刘娜，等.教育大数据的平台构建与关键实现技术［J］.现代教育技术，2018，28（1）：100-106.

② Zhang, H.& Li, D. L. Applications of Computer Vision Techniques to Cotton Foreign Matter Inspection: A Review［J］. Computers and Electronics in Agriculture, 2014,109:59-70.

教师教学下，育人过程可以变得更加精准，教师不再只专注于班级中表现突出的极少数学生，学校也不再只寄希望于全校前十名、全校前一百名的学生，甚至此时，基于学科知识学习的排名将不会再成为评估学生能力与优秀程度的唯一标准，在个性化培养、个性化学习的环境中，所有学生都是机会均等、发展均等、未来均等的个体。

总之，在这样虚拟教师教书、现实教师育人的两部教师制模式里，学生不仅可以更系统地学习认知性课业，也可以获得更切实的非认知性技能培养。学校不必再投入众多的教师资源去完成动辄数百个班级几万名学生的传统课程讲授，学生也可以收获切实可行的能力培养体系，教学效率得到大幅提升。只有教学效率得到提升，我们才有可能在有限的时间内，在有限的教师数量里，将优质的教育覆盖向更广阔范围的学生，尽可能地实现教育公平。

第2节　有利于实现家庭间教育公平

人工智能打破了空间的约束，优质的教育资源不再是少数富裕家庭能够得到的，经济条件较差的家庭同样可以享受优质的资源。优质的教育资源能够在技术进步的条件下实现低成本的共享，这有利于实现家庭之间的教育公平。人工智能打破了家庭间的财力竞争，改变了贫困和弱势家庭在教育中的弱势地位。

1. 打破家庭间的财力竞争

当前教育所带来的经济压力主要分两类：一类是为了使孩子进入

更好的学区，家庭购买学区房而产生的经济压力。另一类是为了提高孩子成绩的竞争力，家庭进行课外辅导课程支出所带来的经济压力。在众多学生家长眼中，好的学区对学生的成才有着非常重要的推动作用，如果能进入一个顶级学区上学，那么孩子进入一所名校的概率便迅速提高，他们认为这对孩子的未来是至关重要的。

与此同时，从与校园课程知识对接的语数英课程辅导，到培养兴趣相关的课外素质课程辅导，甚至与职业技术化水平相关的职业化辅导，家长为孩子精心选报他们认为对孩子发展大有裨益的各种课程，但课外辅导依旧需要巨额的财力进行支撑。更别提那些贫困地区的孩子，在更偏远的地方，在西部的大山里、戈壁上，那里的众多家庭甚至还在温饱线上徘徊，是否让孩子上学是他们因财力受限而需要艰难决定的事，课外辅导更是他们从来不去考虑，也不敢考虑的。

然而社会的竞争却永远残酷，这些孩子总会在长大之后被卷入与那些从小生活条件优渥，在各类教育培训与素质培养的环境中长大的孩子的竞争之中。起点已然不同，终点的差距或许将更大。教育发展若是因家庭财力而产生不可弥补的鸿沟，真正的教育公平永远只是空谈。人工智能与教育融合，为打破这种由财力差异导致的教育不公平提供了可能。通过打破差异化学区以及商业辅导，在技术促进资源覆盖的过程中，教育公平得以实现。

（1）学区消逝

当人工智能技术渗透整个教育领域，辐射最偏远的学校时，教育将不再是需要每个家庭进行财力角逐的项目。人工智能与教育的融合将打破分散的教育系统，使教育整体化、系统化，教育系统内的所有学校都能享受同样的教学资源。未来差异化的学区将不复存在，学习场所与进入大学的概率毫无关系，选择哪所学校学习，也就不再是需要家庭投入大笔资金去竞争的事情。

在未来，在人工智能技术全面覆盖的环境下，每个学校都将同时配备高水平的课程资源以及智能化的教学设施，在西部山区学习的孩子与东部发达地区的孩子接受的是同质的教育。学区将不复存在，学校与学校之间不存在任何差异，因此，就近入学或者选择孩子喜欢的学校入学，便成为理所当然的事。

当学区被打破，教育不再成为比拼财力的项目，由经济差异导致的教育不公平现象便会逐渐消失。这种教育获取机制的改变，不仅对孩子的培养大有裨益，对于打造良好的家庭生态、社会生态，这样的改变都是至关重要的。

（2）商业辅导消逝

八小时以外的课程辅导也将被转移为八小时内的课堂学习。技术的发展会对教学资源提出更高的要求，而被市场检验为优秀的原属于课外辅导的教学资源，恰好可以被人工智能技术推广到所有的校区，当一部课堂资源可以同时提供给全部学生时，政府的公共购买就会变成一项必要的选择。

政府可以统一对经过市场检验的培训机构的优秀课程进行购买，培训机构不再单独对接某个家庭，教学课程将以一种公共服务的形式提供给所有的学校，每个家庭不必为了使孩子获取优质的教学资源而付出更多的资金，所有课程对于全部学生而言都是可得的。因此，与家庭单独对接的商业化辅导将逐渐退出，取而代之的是课程研发公司，它们将直接与政府对接，统一提供优质课程。

当学生的教育支出由政府买单时，教育支出便不再是家庭沉重的负担，贫困家庭的家长也将不再阻挠学生接受教育，学费不再是贫困家庭考虑的因素，赚钱养家也不再是压在学生身上的沉重负担。人人都将认同教育，都将明白教育才能带来最幸福的人生、最光明的未来。衣着陈旧的学生与衣着光鲜的学生会学习一样的课程，接受同样的指导，跟随一样的老师，参与相同的实践。这样的环境对于贫困家庭的孩子而言，才是真正的教育公平。

2. 改变贫困和弱势家庭的教育状况

人工智能技术的发展打破了教育的时空限制，对教育进行优化和重塑，优质的教育资源不再是富裕和优势家庭独享的，贫困和弱势家庭也可以享受到同样的优质教育资源，这就弥补了技能培养的差异和削弱了教育的代际传递，从而改善了贫困和弱势家庭的教育状况，缩小了与富裕和优势家庭的教育差异。

（1）弥补技能培养差异

伦敦国王学院的罗伯特·普洛曼教授和艾米丽·史密斯·伍利博士曾经做过一项关于基因、社会背景与教育的研究，研究发现支持以下观点：即使自身的基因条件非常有利，但与家庭经济实力优渥、出身较好的同龄人相比，贫困与弱势家庭的青少年进入大学接受教育的可能性更低。而单纯在基因的影响下，精英学校和普通学校的学生在学业表现上的差别并不大。而从技能掌握的角度来评判，贫困和弱势家庭的孩子容易陷入不利的境地。

一般而言，成长中的孩子需要掌握的技能主要包括两种，一种是认知技能，就是孩子在认识特定事物，解决具体问题时，自动进行的感知、想象、思维、记忆等心理活动。孩子在当下的学校教育中获得的主要就是阅读、写作、计算、解题等认知技能。另一种是非认知技能，非认知技能被看作对一个孩子长远发展而言最重要的因素，它包括自控力、自省力、坚持力、好奇心、自信心等个人特质。贫困和弱势家庭的孩子，不仅因获取到的资源不同而在认知技能学习上落后于富裕和优势家庭的孩子，同时在非认知技能的学习上，贫困和弱势家庭的孩子也处于弱势地位。家庭经济原因导致的视野开拓的局限，使得贫困和弱势家庭的孩子总在建立自信、规划未来、进行社会情感学习等方面展现出明显的劣势。

人工智能优化教育，贫困和弱势家庭的孩子将摆脱家庭背景带来的限制，从而获得更多发展可能，实现弱势群体的教育公平。通过人工智能赋能教育，推动优质资源对各类家庭学生的全覆盖，可以使贫困和弱势家庭孩子获得与富裕和优势家庭孩子同质的教学资源，社会地位、经济实力所导致的资源壁垒被打破，家庭间的教学资源公平便不再是难以实现的目标。因此，在认知技能学习方面，贫困和弱势家庭孩子将与富裕和优势家庭孩子进行同质的学习与竞争。

在非认知技能学习方面，贫困和弱势家庭的孩子也将在人工智能的辅助下开阔视野，提升自我，实现高水平的非认知技能塑造。学校可以专门针对弱势家庭学生，或是在非认知技能学习过程中存在一定障碍的学生开展针对性的素质训练课程、能力培养课程、职业体验课程，以通过额外的课程训练来使其在自信心、自控力、社会情感学习等方面达到较高水准，弥补与富裕和优势家庭学生的差距，促进贫困和弱势家庭孩子的能力发展。

在这种差异弥补下，素质化培养、高水平人才不再是富裕和优势家庭孩子的专利。家庭间的教育水平也不再存在难以跨越的鸿沟，家庭的弱势不再对等于发展上的弱势，贫困家庭、农村家庭学生进入优质大学的可能性大大提升。通过人工智能辅助进行课程普及与素质培养，每个孩子都将获得同等的进入更好平台、实现更好发展的可能，教育在家庭间实现了公平。

（2）削弱教育代际传递

在家庭之间的教育不公平的另一个表现是体现出了极大的不合理的教育代际传递的现象。简单而言，教育代际传递意味着，子女的受教育水平与父母的受教育水平具有一定的相关性，如果在父母一代，教育上的落后使得家庭成为低收入家庭或者社会地位弱势家庭，那么很有可能在下一代也会延续这种弱势性，因为接受差异教育的父母往往在教育观念以及能提供给孩子的教育资源上存在很大的差异，这就是教育的代际传递。这种传递往往导致孩子的发展在初始阶段就开始定性，普通子女想要通过接受教育来改变自身所处社会层次的可能性越发减弱，进而导致衍生于职业中的代际传递现象。

在这种教育代际传递的现象下，家庭间的教育公平的突破口：各家庭对教育的重视程度应相当，没有一个家庭会因教育观念出现偏差抑或因为现实经济压力而阻断孩子接受教育的机会，每个孩子也不应因为家庭的差异而陷入定性的教育与难以突破的社会阶层陷阱中。

人工智能的发展打破了时空的限制，实现优质教育资源免费共享，教育支出不再是家庭的沉重负担，极度贫困家庭也将意识到，只有教育才是促进孩子自身发展、促进家庭发展的最优途径。当人工智能教育时代来临，学区房、高价辅导课程在人工智能时代将是过去式。当孩子迈入人工智能课堂，家庭因素、经济因素、各类外生因素对其接受教育的影响都将被抹去，只有个人禀赋才是影响自身发展的唯一因素，这是人工智能为实现家庭间的教育公平带来的真正突破。

另一方面，社会唯成绩、唯学历的学校评价标准、职业评价标准也将发生变化，真正建立以素质发展、能力培养为主的人才培养模式。在人工智能技术的不断发展下，伴随着技术成本的降低，人工智能与教育领域的黏合度会更强。未来的考试与评价制度也会变得更加科学、更加人性化，学生在教育与职业上的发展将与个人能力息息相关，原生家庭对于个人发展的限制将大大减少，固化的社会流动性将被打破。

伴随着人工智能对教育的不断优化，我们可以期待这样一种现象的产生：孩子的职业选择将依据兴趣与意愿来确定，家庭不再对孩子进行单方面的职业规划，人们不会被逼进入不感兴趣的行业，因为转行与专业不对口而导致失业的情况将减少。学生不再被束缚在追求顶级资源而不断"内卷"，获得顶级资源而更加"内卷"的怪圈循环里。教育与家庭的束缚性关联越来越少，孩子发展不再被打上原生家庭的烙印与标签。在这样的趋势下，未来的学习，也会真正成为促进发展、实现发展、促进公平、实现公平的有意义的学习。

第3节　有利于实现特殊与普通教育间的公平

特殊教育是指针对具有听觉障碍、视觉障碍、智力障碍以及肢体残缺等其他缺陷的残疾儿童所施行的与普通教育体系分隔开来的教育，生理上的特殊情况使得残疾儿童无法在普通儿童的教育体系中进行学习，导致残疾儿童与普通儿童在教育上的差异越来越大，在融入社会以及参与社会竞争中处于不利地位。另外，特殊教育教学模式与教学资源方面的不完善也使得特殊教育容易陷入教育不公平的困境。人工智能技术的发展能够对残疾儿童提供更优质的教育服务，有利于缩小特殊教育与普通教育的差距，促进特殊教育与普通教育之间的公平。

1. 提升特殊教育水平

人工智能技术的发展破解了很多特殊教育中的难题，使目前很难实现的事情变得相对容易，通过不断完善特殊教育教学设施，提升了特殊教育的水平，缩小了特殊教育与普通教育之间的差距，促进不同人群之间的教育公平。

（1）完善特殊教育教学设施

特殊教育与普通教育不同，由于学生存在不同类型的生理缺陷，特殊学校往往需要配备大量且多类型的教育教学设施，同时由于一大部分残疾学生又具备康复训练的需要，因此，康复训练设备也是特殊学校必不可少的一部分。通过人工智能技术的发展，更加智能化、完备化的教学设施进入课堂，辅助残疾学生进行深度学习，保障残疾学生的受教育权益，促进特殊教育的教育公平。

通过人工智能设备进驻校园，特殊教育可以搭建资源完善的教室帮助残疾儿童进行有效学习。例如在教学方面，配备用于辅助听障儿童视觉化学习的传译设备，辅助视障儿童学习的转码设备，辅助肢体残缺儿童学习的智能化穿戴设备等等。通过在特殊学校搭建这些设备，可以有效地改善特殊学校资源少、设施破、教学浅的问题，学校办学条件可以得到明显的改善，学生也能在智能设施的辅助下进行对自身未来发展更有益的学习。

学校或者学习中心内部也可以通过搭建更完善的无障碍设施，为残疾学生提供更好的学习与生活体验。例如，为行动不便的残疾学生修建智能传送带，提供智能自动轮椅帮助学生进行移动；修建配备多种功能的智能运动区，在教师的辅助下，引导视障学生进行不同的运动体验；校园内也可以通过广泛的智能机械与语音播报的安装，引导视障学生在校园中自由行动，当学生出现路线失误或者接近具有安全隐患的障碍物时，播报设备可以及时提醒并通过机械引导使其回归正确路线，避免意外状况的发生。

此外，康复设备的智能化也将为学生提供更好的训练课程，帮助有康复需求的残疾学生尽快实现康复计划，提高生活与学习能力。例如，配备辅助专业复健师进行康复训练的智能训练室，通过快速进行身体检查，智能医生可以进行即时诊疗，判断学生康复状态，并为学生设计合理的康复训练计划。在智能医生、智能诊疗的辅助下，只需配备少量的专业复健师，特殊学校就可以为残疾学生提供全覆盖的、专业化的诊疗康复服务，对残疾学生更好地接受教育提供了重要的保障。

当智能化的设备广泛进驻特殊学校，残疾学生的学习从适应性学习转入发展性学习的范畴，特殊学校才能为残疾学生融入社会、发展自我提供切实可行的帮助。尤其是在一些极度贫困与经济不发达地区，不仅存在特殊教育人才、特殊学校缺乏问题，对残疾儿童的教育观念也处在异常落后的状态。这样的现状使得大部分残疾儿童仅能进行适应性学习，而无法进入发展性学习的阶段。通过教学设施的完善，在不必增加特殊学校数量以及培养专门特殊教育人才的基础上，特殊学校也能具备更优质的教学条件，从而改善特殊教育不完善的现状，切实保障残疾学生受教育的权益，推动教育公平的实现。

（2）特殊教育个性化发展

人工智能技术的发展可以通过智能设计教材与教学课程，使学校对特殊儿童的教育更加智能、高效，提升特殊学校的教学水平。特殊儿童由于在生理上的缺陷使得特殊儿童在教育上的个性化更强，在学校教育中，残疾儿童一般不能像普通儿童一样根据年龄决定应当进入的教育阶段。这使得残疾儿童在受教育方面面临着不适应、不细致、帮助不到位的情况。人工智能的技术引入，则使得对特殊儿童提供适应性教育不再是一项难题。

首先，人工智能可以通过智能化测评、智能化分析学生的个体数据，例如生理障碍程度、智力发展程度、接受困难度、理解力以及心理状况等，为每位学生建立学生画像。其次，通过人工智能调用数据，可以自动匹配与残疾学生相符合的教学模式与教学内容，帮助教师针对残疾学生展开针对性的帮助与指导，使得教育能落到实处，达到最好的教学效果。

具体而言，人工智能与特殊教育的结合可以更加有效地实现残疾学生对课堂内容的个性化学习。通过对学生开展智能评估，学校可以为不同障碍的儿童设置内容不同但同样优质的教学课程。例如，在对听障儿童进行特殊教育时，可以搭建实时语音转换系统与智能显示系统，将课堂内容实时转换为文字、图片、视频，以动态可读的方式呈现给学生，解决手语表达效率低与表意不精准的问题；在针对肢体残疾儿童的教学中则可以通过提供可穿戴式智能设备，例如智能腿、智能臂等，辅助儿童参与课堂互动与课堂实践，一方面起到教学与训练的作用，另一方面也可以通过弥补学生肢体缺陷，增强学生体验感，促进学生融入真实生活，帮助学生建立生活信心。

除集中授课以外，人工智能技术也可以为残疾儿童提供更加多样化的个性化辅导与训练课程。例如建立智能训练题库，通过系统设计智能作业来为学生提供多样化的特殊练习，例如发音练习、手语练习等认知技能练习课程，帮助学生进行基础训练；同时，交流课、体验课、提升课等非认知技能培养课程也能帮助残疾学生培养进入社会所必备的技能。

此外，在心理状态上，相对普通学生而言，由于生理缺陷带来的社会适应困难，学生也较容易陷入敏感与脆弱的状态。而通过建立智能心理评估系统，人工智能可以通过识别学生日常状态，密切监测每个学生的心理变化，在学生需要帮助、感到脆弱时进行预警，以便教师提供个性化的心理辅导与陪伴课程。在这种提供个性化课程、完善技能指导并密切关注学生心理发展的特殊教学模式下，特殊教育将不再只局限于教授学生简单技能、保障学生成长的狭窄范围。通过为残疾儿童提供更加多样的学习内容以及更加个性化的发展路径，使得残疾儿童发展的可能性大大增加、进入社会的能力增强，促进特殊教育的公平。

2. 特殊教育与融合教育共存

人工智能技术快速发展及应用极大地促进了特殊教育的发展，保障了缺陷补偿教育能够顺利实施，帮助残疾儿童享受良好的教育服务。同时，促进了融合教育的发展，未来在特殊教育领域会出现特殊教育与融合教育共同发展的情况。

（1）保障缺陷补偿教育

缺陷补偿是特殊教育中不可忽视的一部分，促进特殊教育的公平与发展，首先要确定能为残疾儿童提供完善的缺陷补偿教育。缺陷补偿教育，是指采用有效的途径，来改善残疾儿童受损器官或者身体组织的部分功能。通过适当的特殊教育的开展，能帮助残疾儿童进行身体训练以及心理康复，有效地促进其康复、发展、融入社会，是推进特殊教育公平的一大保障。

缺陷补偿教育与人工智能的结合，主要体现在以下几方面：首先，通过发展人工智能技术，残疾人辅助设备可以得到更进一步的发展与完善，从机械化设备向智能化、数字化方向发展。通过自动识别、智能引导技术的嵌入，残疾人辅助设备将不仅是一个器具，它可以成为一个虚拟助手，来更好地为残疾儿童的生活、学习、个体发展、心理塑造提供便利，同时提高残疾儿童接受教育的能力，使得教育能切实地为残疾儿童服务，保障残疾儿童的受教育权益。

其次，在人工智能技术的帮助下，学校可以加快特殊设施建设与特殊环境打造，技术效率的提高也使得学校可以兼顾每位情况不同的残疾儿童的特殊需求，每位残疾儿童都能得到针对性的、个性化的教育与帮助。通过智能化管理、智能化教学，残疾儿童将在更科学的评估、更科学的教学下获得最适合自己的教育内容。校园特殊环境的完善也将使得残疾儿童在学校进行学习的过程更加合理、便利，为实现残疾儿童的健康发展创设了更好的条件。

再次，在特殊教师配备方面，人工智能技术也将发挥重大的作用。一方面，智能设备、智能管理系统提高了特殊教师的工作效率，减轻了特殊教师的工作负担；另一方面，在特殊教育人才培养方面，智能化模拟过程、智能化训练过程也能使特殊教师快速掌握科学的教学技能与教学方法。在更加智能化的培训模式下，特殊教师队伍建设也将是一个更加高效与有序的过程，随着特殊教师资源得到保障，特殊教育的公平也就迈向了更高的台阶。

最后，通过建立联通的特殊学校共享系统，特殊教育中出现的现实问题可以得到大规模的避免与解决。学校可以通过搭建智能分析平台，收集总结实践教学中出现的待解决的问题与困扰，智能化地实现问题分析并提供解决方案。同时，这种教学动态还可以以资源共享的方式上传联通平台，以达到解决共同问题、避免偶然问题、强调重点问题的效果。通过事件分享与反馈，特殊学校可以在实践中不断完善，共同进步，为残疾儿童提供更好的缺陷补偿教育。

（2）促进融合教育发展

特殊教育的特殊之处在于，为了实现更加系统与高效的管理，特殊教育往往与普通教育在区域上出现分隔。各地通过开设特殊学校来招收残疾与具有障碍的学生进入学校进行统一学习。一方面，这确实提高了对残疾儿童集中管理的效率，但另一方面，由于与普通学校公共教育的脱节，特殊教育在教育系统中陷入了更尴尬的境地：与公共教育与社会需求的脱节使得特殊教育仅仅将目标局限于帮助残疾儿童正常生活，而非帮助残疾儿童进入社会更好发展的重点上。

在特殊教育存在缺陷的情况下，融合教育进入人们的视野。融合教育指脱离原有的开设单独特殊学校的教育模式，将残疾学生的义务教育纳入普通学生正常学校教育之中，或者在普通学校内开设单独的特殊班级，让残疾学生能够有机会与普通学生一同接受教育。这种特殊教育与普通教育的融合模式即被称为融合教育。

人工智能技术应用特殊教育可以推动融合教育的发展，实现教育公平。人工智能技术的应用可以使针对残疾儿童的教育不再是自成体系的特殊教育，特殊教育将被并入普通教育的体系之中，残疾儿童将有机会进入普通学校与正常儿童共同学习、共同发展。在未来人工智能参与教育的系统中，特殊学校与普通学校的空间局限将被打破，普通学校也可以建设服务残疾儿童的特殊班级，残疾程度轻微的儿童也可以进入真正的普通教学班，与健全儿童一同接受教育。

在融合学校里，残疾儿童的课程可以单独提供，但残疾学生将获得与普通学生一同生活、一同发展的体验。在课程方面，特殊教育课程将配备在每所普通学校，为具备不同障碍的残疾学生提供丰富的培养与发展课程。残疾学生可以借助智能化授课系统来进行特殊教育课程的智能化学习。在心理关注与建设方面，通过在普通学校建设专为残疾儿童服务的心理评估系统，普通学校也可以提供与特殊学校一般无二的关爱服务。

同时，融合学校还可以通过搭建交流室、游戏来实现残疾学生与普通学生的交流互动，通过强化残疾儿童与普通世界的情感交流来减轻残疾儿童的"特殊感"，真正使其在心理上融入普通社会生活。当特殊不再是特殊，公平才真正成为公平。保持必要的特殊，打破无谓的特殊，促进特殊与融合并存，系统化智能化地促进教育公平的发展，这一切，都将是人工智能在教育领域发展的任务，也是我们需要依靠人工智能来完成的使命。

第四篇

思考与展望

第 10 章　对未来教育变革的思考与展望

　　未来以人工智能技术为主导的第四次工业革命，对人类社会的生产、生活产生深刻的影响。世界各国尤其是主要发达国家都非常重视人工智能发展，把人工智能发展作为国家战略。中国的基本目标是——到 2030 年成为人工智能发展和应用领域的世界领导者，在人才获取、资金分配、安全等方面建立全面框架、实现技术标准化及解决伦理、法律和社会问题。①教育在推动人工智能发展及人工智能发展对教育进行重塑为未来培养人才的过程中发挥着至关重要的作用。因此，需要对未来教育变革进行思考和展望，为未来教育改革提供有益的参考。

第 1 节　对未来教育变革的思考

　　人工智能技术的发展对教育产生颠覆性的变革，对教育理念、教育模式产生冲击和影响，最终将实现重塑教育。未来教育理念会发生变化：从生存需要到幸福生活需要；从大规模标准化教育到个性化教育；从应试教育到全面发展教育。人工智能不仅拓展教育教学时间与

---

　　①　国务院.国务院关于印发新一代人工智能发展规划的通知［EB/OL］.https://baike.so.com/doc/26518541-27781036.html.

空间，提高教与学的质量和效率，还能够创造和提供丰富、优质的教育资源，有利于个性化人才的培养。

人工智能技术能够减轻教师和学生的负担，使教师把更多的时间和精力用在育人工作上。人工智能会替代部分工作，同时也会创造一些新的岗位，未来一些技术含量较低、重复性较高的职业面临消失风险。未来教育需要适应未来经济社会发展趋势。因此，为了应对以人工智能为主导的第四次工业革命，教育必须做好准备，满足人才的现实需求，着力培养未来社会所需要的数字化、智能化、国际化、创新型、复合型高端人才，为未来世界的发展奠定教育基础。

1. 宏观层面：进行顶层设计、健全法律法规、重视伦理道德

（1）对人工智能教育进行顶层设计

人工智能的发展对教育理念和模式产生了巨大的冲击和影响，正改变着教学方式、学习方式及教育生态，对教育产生的革命性影响已经开始显现。教育已经成为新一代人工智能的重要创新领域，因此要从国家战略高度，对人工智能教育进行顶层设计，制定人工智能教育发展规划，并根据各地区的差异，积极制定与之相适应的人工智能教育相关政策、措施，多层次、宽领域、全方位推进人工智能在教育领域的创新发展，实现人工智能教育快速、健康、有序、可持续发展。

在进行顶层设计、政策制定过程中充分借助利益共同体的力量，广泛听取专家学者、学校和教师、学生和家长等多方意见、建议，并充分考虑有关开放、共享数据问题、保护隐私问题和伦理问题以及多种教育形式相互融合问题。从国家层面统一、高标准进行人工智能教

育的公共基础设施建设，构建国家人工智能教育公共服务平台，促进教育教学多样化、教育资源多元化、学习支持立体化。[①]

（2）建立健全人工智能教育相关法律法规

人工智能技术的发展对人类社会生产、生活方式都会产生深刻的变革，会重塑教育。人工智能带来机遇的同时也带来了新的风险和不确定性，这对现有的法律体系产生了巨大的冲击，现有的法律体系能否满足人工智能时代的要求是值得深入思考和解决的问题。[②] 未来需要不断建立、健全相关的法律、法规保障人工智能教育健康、快速、可持续发展。如人工智能与教育融合发展会产生教育大数据问题，教育大数据存储、管理和保护的问题就会随之出现。因此，需要对教育大数据相关问题进行立法，尤其对数据安全问题进行立法，通过法律保护数据安全和防止隐私被侵犯。总之，应通过对人工智能教育相关法律、法规问题进行深入研讨，为人工智能教育划出法律的边界，让人工智能教育服务于人类社会。[③]

（3）重视人工智能教育伦理道德

人工智能技术发展到一定阶段，不仅是科学问题，更是哲学问题，会涉及伦理道德问题。人工智能技术滥用个人数据的案例加剧了人们的担忧。如美国微软公司设计了一款聊天机器人，但是仅在一天的时间内，推特（Twitter）就使微软的 AI 聊天机器人成了一名种族主义者，

---

① 中央党校（国家行政学院）厅局级干部新兴产业创新发展专题研讨班学员、教育部民族教育发展中心副主任 胡炜．加快推进人工智能赋能智能教育［N］．学习时报，2020-09-28（04）.

② 郑戈．人工智能与法律的未来［J］．探索与争鸣，2017（10）：78-84.

③ 蔡映洁．人工智能，以法律和伦理为界［N］．人民日报，2017-08-23（05）.

这引发了人们对机器人教育问题的思考。因此，如何实现值得信赖的人工智能教育是十分关键的问题。

目前，人工智能教育领域的伦理机制尚未建立、健全（Holmes et al.，2018）。在教育改革中可以借鉴《欧盟人工智能伦理准则概要》，尽快出台我国人工智能教育伦理规范，以保障师生的人身健康和数据安全不受侵犯。（宋建宝，2019）同时，要树立正确价值导向，培养具有社会责任感的公民，并高度重视人工智能教育发展可能带来的伦理问题，为构建一个和平、包容、稳定的社会做出贡献。[1] 只有确保教育大数据和算法使用合乎伦理道德，正确处理人工智能应用教育领域的伦理、法律和社会问题，才能推动人工智能教育的快速、健康、可持续发展。

2．中观层面：建立人工智能教育标准、建设数据平台、加强行业监管

（1）建立人工智能教育标准

全球范围内对于人工智能标准制定都非常重视，因为掌握了人工智能的标准就掌握了国际话语权。目前尚未建立全球性的人工智能技术标准，在教育领域人工智能教育的行业标准几乎空白。中国应该抓住机会尽早着手制定人工智能教育的标准。教育部门应具体执行有关人工智能教育标准的制定，在世界范围内确立在人工智能教育标准的地位及影响力，提供中国的人工智能教育解决方案，带领中国教育产品、技术、资源走向世界。

---

① 任友群，万昆，冯仰存.促进人工智能教育的可持续发展——联合国《教育中的人工智能：可持续发展的挑战和机遇》解读与启示［J］.现代远程教育研究，2019，31（05）：3-10.

另外，消除人工智能发展障碍需要建立人工智能技术标准。建立统一的人工智能技术标准与测试基准将有助于消除人工智能技术开发和应用进程中的障碍，同时对测量和评估人工智能系统以及确保未来人工智能系统可以满足互操作性和功能性目标具有非常重要的意义。在线学习过程中收集的数据内容众多，但目前的数据管理尚没有形成统一标准和规范，企业和学校之间几乎不进行数据共享，也不进行数据流通和交换，这给人工智能教育发展和研究造成障碍。因此，建立人工智能教育数据标准，实现数据共享非常迫切。

（2）建设人工智能教育数据平台

数据是人工智能技术发展的基础，是一种新的生产要素、非常重要的资源。人工智能教育的发展离不开大量的数据支持。要想实现人工智能与教育深度融合，就必须拥有大量的、多维度的相关数据基础。如在教育中不仅包括学生的作业情况、考试成绩、教师评语等内在结构化的数据，还包括图片、视频、语音等能够体现教师教学过程和学生学习行为的非结构化数据。因此，作为庞大数据和信息资源的拥有者，政府有必要也有责任给予教育人工智能发展以应有的支持。政府在通过投资共享的公共数据集来促进人工智能创新的同时，还应承诺会做好所有人的安全、自由和隐私保护工作，不辜负公众的信任。

（3）加强对人工智能教育行业监管

人工智能的相关法律、法规政策的制定慢于人工智能技术的发展，由于法律法规的滞后性会存在诸多监管漏洞与盲区，而人工智能算法的设计、开发人员由于受到能力和人性局限等因素影响，存在侵犯个人隐私、安全、违反道德与教育政策的风险。因此，教育主管部门必须加强研究，跟进立法及时监管，建立起规范人工智能教育良性发展的制度环境。[①] "人机协同"是未来人工智能教育发展的形式，无论是学生还是教师，都会对人工智能机器产生依赖、信任，甚至建立共生性伙伴关系。随着人工智能的广泛应用，隐私侵犯、智能依赖、情感忽视等一些问题会逐渐显现出来。未来面对人工智能伦理道德的挑战，国家要将立法项目列入立法规划，加强行业安全立法，制定出台相关法律法规和伦理规范，建立人工智能教育行业发展的制度规定和行业标准，加强监督和管控人工智能的恶意使用行为，规避人工智能的潜在风险。[②]

3. 微观层面：建设智慧校园、发挥育人核心、建立合作伙伴

（1）学校开展建设智慧校园建设

作为培养人才的主要场所，学校需要建设智慧校园，加强人工智能教育。首先，打造智慧的育人环境。学校要建立教育教学活动大数据采集和分析平台；加强人工智能与教育的融合，利用人工智能技术，实行个性化的教育；利用人工智能仿真实验室等组织学生开展高品质学习，提升课堂教学质量。其次，开展人工智能相关课程及项目如开设伦理课、法律课等与人工智能相关的课程，提高学生在人工智能方面的综合水平。[③] 最后，学校做好人工智能发展和应用的教育管理人

① 马陆亭，张伟，鞠光宇，刘承波.加快推进教育和人工智能的融合发展［J］.国家教育行政学院学报，2019（12）：3-8，33.

② 赵熙敏，李丽.人工智能时代教育的认知、变革与发展［J］.广西社会科学，2020（06）：173-177.

③ 徐宁宁.人工智能视野下的教育变革［J］.科技视界，2020（23）：11-13.

才培养工作。人工智能高端人才队伍是人工智能教育发展后备力量，因此，做好人工智能高端人才培养工作对人工智能这一生产力朝适合的方向，以最高的效率、最好的效果推动教育发展、提高教育管理质量是大有裨益的。[①]

（2）教师应发挥育人的核心价值

未来教师应发挥育人的核心价值。首先，构建师生学习伙伴关系，把教师、学生和知识联结在一起。在人工智能教育平台的帮助下教师能够详细了解每一位学生的学习情况、心理状态以及其他相关信息，从而实时、动态地关注学生的发展，不仅能够提高效率，还能提高人才培养质量。其次，人工智能教育系统平台帮助教师提升了教学效率和教学质量，同时减轻了教师负担。教师有更多的时间和精力放在培养学生树立正确的价值观、提高品德修养、人文精神等方面。最后，教师不断提高自己的素质和修养，为学生树立良好榜样。对人工智能平台、系统要合理、适度地利用，不能因过分依赖，导致自身管理、学习、自律等能力及身体素质全面下降或退化。如果教师失去应有的教学能力、素质和职业素养，人工智能带给人类的就不是福利和解放，而是祸患与危机。

（3）建立政府、学校和企业合作伙伴关系

为了实现人工智能与教育的融合发展，建立政府、学校和企业之间的合作伙伴关系是重要的途径之一。2019 年 3 月，联合国教科文组织发表了题为《教育中的人工智能：可持续发展的挑战与机遇》的

---

① 欧阳鹏，胡弼成.人工智能时代教育管理的变革研究［J］.大学教育科学，2019（01）：82-88，125.

报告，其中着重强调了合作伙伴关系在加强 AI 培训和研究方面的重要作用。人工智能教育将从政府、学校和企业的各种类型的合作关系中受益。各种类型的合作伙伴关系可以促进开放的、具有共同价值的基础研发，可以扩大研发人员对各种研究数据、模型等资源需求的访问权，还可以促进科研人员在政府、高校和各行业之间的交流与互动。例如，大型数字科技公司不仅在应用研究上投资巨大，在基础研究上也有大量投资。因此，应加强高校与企业在人工智能领域深度合作，如通过校企共建人工智能学院、专业和实验室等方式，提升人工智能人才培养和科研水平，发挥高校在人工智能多学科、集群式研发上的优势，推动高校科研成果的适时转化。[①]

第 2 节　对未来教育变革的展望

随着人工智能技术不断发展与完善，对教育的冲击和影响越来越广泛、越来越深入，未来会对教育进行重塑。人工智能时代，未来教育会发生怎么样的变化？前面章节已经讨论过了，这一节主要目的是对未来教育变革进一步展望。人工智能的发展大体可以分为弱人工智能阶段、强人工智能阶段、超级人工智能阶段三个发展阶段。弱人工智能阶段就意味着人工智能时代已经来临了，前面讨论人工智能时代对教育的变革或者重塑是基于弱人工智能阶段。在这个阶段，尽管人工智能在很多方面超越人类，但是在高阶思维、解决复杂问题的能力、文化艺术等人文领域与人类相比还差很远。但当人工智能发展到强人

---

① 胡炜 . 加快推进人工智能赋能智能教育［N］. 学习时报，2020-09-28（04）.

工智能阶段，教育不再仅仅是掌握技能而是生活的一部分了，教育本身是灵魂的成长，是使我们能感受到更美好的事物的阶梯。当发展到超级人工智能阶段，这被称为人工智能时代的"后时代"，这时候不再讨论对教育如何变革的问题了，而主要是讨论如何管理机器及解决机器对人类的威胁等问题了。

1. 人工智能引发风险和价值冲突

当人工智能技术发展到强人工智能阶段时，大部分工作都由机器人来承担，只有少部分工作由人类精英阶层来管理，需要人类承担的工作很可能就剩服务业了。美国技术哲学家兰登·温纳认为，技术具有很多特点，诸如科学性、自动化、应用性。但如果技术具有自主性就非常值得关注，因为技术自主性能够带来难以想象的力量，这样很难控制这种力量。在某种情况下，对于强人工智能来说，很有可能脱离人类社会运行控制，按照逻辑概念发展技术、创造新事物，甚至威胁人类。

（1）人与人之间关系疏远

人工智能技术促进了新兴业态、新的模式的出现，推动了自组织、自决策形成。很多工作都由人机协调完成或者由人工智能机器人来完成，这样减少了人与人面对面的交流和沟通，人与人之间的交往越来越少，关系越来越疏远，这样会造成传统社会形态瓦解，逐渐建立起新型生活方式。当人工智能进入强人工智能阶段，或者说进入人工智能"后时代"，人工智能在各个领域中都能够提供优质、周到的服务时，所有的工作都可以交给人工智能决策、组织、执行、实现。人与人的交流越来越少，甚至有可能成为多余的行为。

人与人之间将失去兴趣与好奇，社会交往被异化与反转。社会关系的功能大幅降低，不再能衍生出有用的关系和价值网络。这时生命与世界的意义将会被重新思考与重新定义。根据经验可以对技术后果进行预测与想象，但却极难预测到多重技术升级迭代、叠加交错形成的联合效应，并且又因技术本身不具有处理自身不利影响的先导功能，风险比例也将大幅增长。

（2）人类被超越和控制

图灵机是数据资源与数理逻辑有机结合实现的，它属于机械算法机。图灵机不能进行反思，也不具备修改自身系统的能力。超级人工智能有可能衍生超图灵机，这样可以创造性地突破自身，实现自动优化升级，从而超越人类的想象。人工智能发展到一定程度，达到较高层级之后，人工智能不再模仿人类，这样人工智能不再拟人而是超人了，并且人工智能不是单个的、个体的超人，而是系统的、泛在的超人。因此，当超图灵机能够激发自我意识、进行自主探索、活化自由意志时，可以建构新的编码与解码机制，甚至有可能发明新的群体语言、制定新的规则、运作新的程序。那时人工智能对人类产生巨大的威胁，是否会压迫人类、排斥人类？超级人工智能如同人工智能的"创世记"，彼时的人类极可能将遭遇自我否定、沦入自我结束的困局险境。一些悲观主义者认为加速发展的人工智能将奴役人类，甚至逼迫人类种族面临窘境、走向消逝。①

---

① 刘盾，刘健，徐东波.风险预测与忧患深思：人工智能对教育发展的冲击与变革——哲学与伦理的思考［J］.高教探索，2019（07）：18-23.

2. 人工智能对教育的冲击与颠覆

（1）人工智能是否会导致人文教育让位？

人工智能发展到较高的阶段可以通过高级设备、大数据、超级计算捕捉到每个学生的需求、偏好特征以及最优的方式方法，并推送符合学生个性化的学习方案、学习计划、学习内容、学习进度等。技术发展到这个阶段会产生技术依赖问题，人与机器的关系越来越密切，而人与人之间的关系越来越疏远。这会导致人文精神、人文感知、人文环境和人文熏陶逐渐减弱甚至消失。因此，要避免人工智能代替对人类特有的社会正义、权利平等、文化多样等理念、价值观产生颠覆。

实际上，人文精神和素养潜移默化、自然而然地感染人、熏陶人，这种影响是全面的、系统的。人文教育不仅能够提升人的道德修养、品格特性、情感情怀等，还能提高心理素质，锻炼品格意志，增强使命感和责任心，净化人的心灵，树立正确的价值观、人生观和世界观。因此，人文教育非常重要，尤其是在人工智能时代更为重要，这是人与机器区别的重要特征。因此，人工智能时代，人文教育必不可少，更应该加强人文教育的内容课程。因为文化、艺术、教育、哲学、戏剧、音乐、舞蹈等学科和课程高度依赖人文历史的积淀、社会演进的传承、氛围环境的熏陶、场景描摹的体验、教师的言传身教以及人与人之间的传递交流，所有这些都离不开人文教育以及自然场景中人与人的互动。

（2）人工智能是否会导致人与教育的分离？

随着人工智能进入高阶发展阶段，人工智能机器人在各个领域得到广泛的应用，它们能够解释并能够解决各类问题，并能够提供细致周到的服务。人工智能代替了大部分工作，并能够 24 小时不间断地工作。当人工智能进入这个阶段时，是否会出现人对人工智能的过度依赖、沉溺，或者是否会对技术过度崇拜和臣服？不可能所有人是这样，但至少对于部分人群而言教育将不再重要。

一位知名科幻作家曾经描述过，当人类过度依赖人工智能技术时人类会变得懒惰，不再勤于思考、努力探索、辛勤工作，这才是对人类最大的威胁。人工智能代替了人的大部分工作，源源不断创造财富满足人类的需求，使人类生活非常便利，但同时也会使人们变得更加懒惰，因为只需要简单知识就能够获得很好的体验，实现自己的目标，满足自己的需求。那个时候，人不需要太多的思考和分析，甚至不需要教育与工作，这样会造成人类不思进取甚至主动退化。当生物智能芯片植入人脑中，承担部分记忆、运算、表达等功能，那时的"共生体"究竟是"人"还是"机器"？必将引发伦理、存在、生物论的思考。

（3）人工智能是否会完全替代教师？

人工智能进入强人工智能阶段，如果那时人工智能在各个领域、各项专业方面都能战胜人类，如在知识、方法、理解和沟通等方面都比人类做得更好，那么人工智能是否会完全替代教师，教师的职业是否依然存在？如果把知识浓缩成芯片植入大脑中，那么教育还能够做什么呢？

人工智能时代，人类必须发挥其特有的灵活性、情感性、创新性等价值。人类社会发展到这样的阶段，教师传授知识和答疑解惑很显然不再需要，但技术进步会对人类产生更大压力，或者人类精神变得空虚，出现精神与信仰危机。因此教师可以发挥人类特有的优势，人文关怀、情感照顾、沟通交流、价值观塑造等，这些对人类来讲非常重要，并注重培养学生的情商、逆商，培养学生的意志品格、性格等，教师更加需要在德育方面加强柔性引导和情感投入，以共情共鸣的心理、同理换位的思考塑造学生的人格品质、提升学生的道德修养。

　　阿西莫夫在《我，机器人》这一经典著作中提出了机器人的三大原则：第一，机器人不得伤害人类个体，或目睹人类个体遭受危险而不顾；第二，机器人必须服从人的命令，当该命令与第一原则冲突时除外；第三，机器人在不违反第一和第二定律时，尽量保护自身的安全。① 所以，我们必须禁止研发对人类产生威胁的人工智能，必须在人类的价值观和伦理道德规范约束下发展人工智能技术，对相关主体明确权利、义务和责任，对开发者、操作者和执行者加强监管和约束。对于人工智能，既不能盲目抵制也不能忽视其带来的风险，应该超越技术本身，在更高层次中思考教育变革的问题，既赋予充分的变革空间，又保留传统教育的精髓，在开拓教育前线的同时，守住教育的底线。②

---

　　① 　阿西莫夫.我，机器人［M］.叶李华，译.南京：江苏文艺出版社，2013：268.
　　② 　刘盾，刘健，徐东波.风险预测与忧患深思：人工智能对教育发展的冲击与变革——哲学与伦理的思考［J］.高教探索，2019（07）：18-23.

参考文献

［1］（美）艾萨克·阿西莫夫.我，机器人［M］.叶李华，译.南京：江苏文艺出版社，2013.

［2］（美）黛安娜·塔文纳.准备［M］.和渊，屠锋锋，译.北京：中信出版社，2020.

［3］（美）迈克尔.B.霍恩，（美）希瑟·克莱顿·斯泰克.混合式学习：用颠覆式创新推动教育革命［M］.聂风华，徐铁英，译.北京：机械工业出版社，2018.

［4］（美）泰德·丁特史密斯.未来的学校［M］.魏薇，译.杭州：浙江人民出版社，2018.

［5］（英）安东尼·塞尔登，（英）奥拉迪梅吉·阿比多耶.第四次教育革命：人工智能如何改变教育［M］.吕晓志，译.北京：机械工业出版社，2019.

［6］（英）肯·罗宾逊，（美）卢·阿罗尼卡.让学校重生［M］.李慧中，译.杭州：浙江人民出版社，2017.

［7］2020全球智慧教育大会：聚焦人工智能与未来教育［J］.现

代教育技术，2020，30（09）：126.

［8］白娟.人工智能时代教育之变与不变［J］.中国教育技术装备，2020（10）：92-94.

［9］蔡映洁.人工智能，以法律和伦理为界［N］.人民日报，2017-08-23（005）.

［10］曹培杰.人工智能教育变革的三重境界［J］.教育研究，2020，41（02）：143-150.

［11］曹培杰.智慧教育：人工智能时代的教育变革［J］.教育研究，2018，39（08）：121-128.

［12］陈·巴特尔，马卫方.工业革命与高等教育关系的发展与启示［J］.西部学刊，2018（12）：79-83.

［13］陈超辉.人工智能时代面临的伦理困境及对策［D］.延边大学，2019.

［14］陈磊，刘夏，高雪春.人工智能视域下教育治理的现实挑战与路径选择［J］.中国教育科学（中英文），2020，3（06）：24-30.

［15］陈鹏.共教、共学、共创：人工智能时代高校教师角色的嬗变与坚守［J］.高教探索，2020（06）：112-119.

［16］陈芋洁.人工智能背景下教师角色定位研究［D］.西南大学，2020.

［17］承担教育使命　共同谋划教育未来——陈宝生出席国际人工智能与教育会议［J］.教育发展研究，2020，40（23）：76.

［18］程姗姗，孔凡哲."人工智能＋教育"背景下的教师角色重塑［J］.人民教育，2020（Z1）：115-116.

［19］程永杰，侯宪菁.人工智能对我国就业影响的"利"与"弊"［J］.中国就业，2020（10）：46-47.

［20］邓国民，李梅.教育人工智能伦理问题与伦理原则探讨［J］.电化教育研究，2020，41（06）：39-45.

［21］丁紫钺.人工智能时代的高等教育变革研究［D］.南京邮电大学，2020.

［22］高红英，乜勇.人工智能视域下的全纳教育变革研究［J］.数字教育，2019，05（06）：14-18.

［23］高志敏.关于终身教育、终身学习与学习化社会理念的思考［J］.教育研究，2003（01）：79-85.

［24］郭利明，杨现民，段小莲，邢蓓蓓.人工智能与特殊教育的深度融合设计［J］.中国远程教育，2019（08）：10-19，92-93.

［25］郭绍青.人工智能对教育的革命性影响［N］.学习时报，2019-05-31（006）.

［26］何万国，漆新贵.大学生实践能力的形成及其培养机制［J］.高等教育研究，2010，30（10）：62-66.

［27］和学新，褚天.人工智能时代教育变革的理性思索［J］.河北师范大学学报（教育科学版），2020，22（06）：112-118.

［28］胡倞茜.我国人工智能教育研究综述——基于对近25年知网中文文献的可视化分析［J］.现代商贸工业，2020，41（11）：188-190.

［29］胡钦太，刘丽清，丁娜.教育公平视域中在线教育的困境与出路［J］.中国电化教育，2020（08）：14-21.

［30］胡锐.当下的应试教育［D］.内蒙古师范大学，2014.

［31］胡瑞，李忠云.大学生健全人格培养的探索与实践［J］.中国高教研究，2004（10）：82-83.

［32］胡伟."人工智能＋"时代呼唤教育改革［N］.中国社会科

学报，2019-01-24（006）.

［33］胡炜.加快推进人工智能赋能智能教育［N］.学习时报，2020-09-28（004）.

［34］胡小勇，许婷，曹宇星，徐欢云.信息化促进新时代基础教育公平理论研究：内涵、路径与策略［J］.电化教育研究，2020，41（09）：34-40.

［35］黄秦辉.人工智能时代的教育挑战及应对［N］.中国教师报，2019-06-19（003）.

［36］江丰光，孙铭泽.未来教室的特征分析与构建［J］.中小学信息技术教育，2014（09）：29-32.

［37］姜国睿，陈晖，王姝歆.人工智能的发展历程与研究初探［J］.计算机时代，2020（09）：7-10，16.

［38］蒋福明.呵护好奇心 激发探究欲［J］.科学大众（科学教育），2020（03）：56.

［39］蒋万胜，李冰洁.论人工智能技术对人类社会发展的影响［J］.西安财经学院学报，2020，33（01）：23-29.

［40］雷晓维.我国人工智能与教育深度融合路径探析［J］.软件导刊，2020，19（10）：84-87.

［41］李标.在线学习平台中知识追踪机制研究［D］.武汉大学，2019.

［42］李海峰，王炜.人机学习共生体——论后人工智能教育时代基本学习形态之构建［J］.远程教育杂志，2020，38（02）：46-55.

［43］李力行，周广肃.代际传递、社会流动性及其变化趋势——来自收入、职业、教育、政治身份的多角度分析［J］.浙江社会科学，2014（05）：11-22，156.

［44］李韧.自适应学习——人工智能时代的教育革命［M］.北京：清华大学出版社，2019.

［45］李思思，李莎莎.高等教育如何面对人工智能时代？——以乔瑟夫·奥恩的《防止"机器人化"：人工智能时代的高等教育》为切入［J］.高教探索，2020（11）：121-128.

［46］李振，周东岱，刘娜，董晓晓，钟绍春.教育大数据的平台构建与关键实现技术［J］.现代教育技术，2018，28（01）：100-106.

［47］联合国教科文组织编著.教育——财富蕴藏其中［M］.北京：教育科学出版社，2019：5.

［48］梁娟.人工智能赋能高等教育的发展趋势［J］.科技经济导刊，2020，28（27）：82-84.

［49］刘爱生.人工智能时代的高等教育变革——解读《不惧机器人：人工智能时代的高等教育》［J］.现代大学教育，2019（01）：46-52，112.

［50］刘邦奇，吴晓如.中国智能教育发展报告［M］.北京：人民教育出版社，2019，（03）：198-205.

［51］刘斌.人工智能时代教师的智能教育素养探究［J］.现代教育技术，2020，30（11）：12-18.

［52］刘邓可，董雁."未来学校"背景下成人学习方式的变革——基于知识观重构的视角［J］.中国成人教育，2020（18）：3-7.

［53］刘盾，刘健，徐东波.风险预测与忧患深思：人工智能对教育发展的冲击与变革——哲学与伦理的思考［J］.高教探索，2019（07）：18-23.

［54］刘进，钟小琴，李学坪.教育人工智能：前沿进展与机遇挑战［J］.高等工程教育研究，2020（02）：113-123.

［55］刘献君.个性化教育模式探索［J］.高等教育研究，2020，41（01）：1-8.

［56］刘远举.稳步推进教育资源均等化 北京学区房终将消失［N］.中国经营报，2020-05-11（A07）.

［57］龙大为，何兰英.个性化、多元化教育与创新性人才的培养——哈佛、耶鲁的本科课程制度及其启示［J］.思想战线，2006(02)：55-60.

［58］卢迪，段世飞，胡科，李福华，陈熠舟.人工智能教育的全球治理：框架、挑战与变革［J］.远程教育杂志，2020，38（06）：3-12.

［59］罗崇敏.全面实施"三生教育" 建设现代教育价值体系［J］.昆明学院学报，2009，31（01）：1-5.

［60］罗妤，黄平林，余先德.关于人工智能时代素质教育的若干思考［J］.学校党建与思想教育，2018（06）：54-56.

［61］马丽英.未来学校：兴起、探索及建构路径［D］.华中师范大学，2020.

［62］马陆亭，张伟，鞠光宇，刘承波.加快推进教育和人工智能的融合发展［J］.国家教育行政学院学报，2019（12）：3-8，33.

［63］马卫方.工业革命与高等教育多样性的关系演进及规律——以英国、法国、德国、美国为例［J］.高等理科教育，2019（03）：7-17.

［64］马小平.人工智能发展给未来教育带来的机遇和挑战探讨［J］.科技经济导刊，2020，28（06）：28-29.

［65］欧阳鹏，胡弼成.人工智能时代教育管理的变革研究［J］.大学教育科学，2019（01）：82-88，125.

［66］任安波，叶斌.我国人工智能伦理教育的缺失及对策［J］.科学与社会，2020，10（03）：14-21.

［67］任友群，万昆，冯仰存.促进人工智能教育的可持续发展——联合国《教育中的人工智能：可持续发展的挑战和机遇》解读与启示［J］.现代远程教育研究，2019，31（05）：3-10.

［68］尚俊杰.谁动了我的讲台——信息技术环境下的教师角色再造［N］.中国教育报，2014-07-16（004）.

［69］沈娟.人工智能时代教育改革创新研究［J］.社会科学动态，2020（02）：85-90.

［70］施昊成.探讨人工智能对人类生活方式的影响［J］.电脑知识与技术，2018，14（35）：184-185.

［71］石中甫，韩秀.教育公平理论视角下中国不同区域中小学在线教育使用现状分析［J］.教育传媒研究，2020（05）：27-31.

［72］史旦旦，马洁虹.第一次工业革命对职业教育之影响——基于技术视角的诠释［J］.职业时空，2010，06（02）：51-53.

［73］史亚娟.干掉学区房！5G、AI将多大程度推进"教育公平"？［J］.中外管理，2019（09）：68-71.

［74］陶西平：人工智能与教育的深度融合会给教育带来哪些挑战？［EB/OL］.（2019-10-28）［2021-01-08］.https：//www.sohu.com/a/349524541_484992.

［75］孙向超.高校学生父母教养方式、学习动机与自主学习能力的关系［J］.心理月刊，2020，15（18）：85-88.

［76］孙小红.人工智能时代的教育前瞻［N］.中国教师报，2020-10-21（006）.

［77］孙众.人工智能助力教师教育［N］.中国教育报，2019-06-22（003）.

［78］谭维智.创新人才培养：人工智能时代教育的重要使命［J］.

中国德育，2019（17）：7-9.

［79］汤涛.大数据、人工智能与智慧教育［N］.中国信息化周报，2020-03-23（007）.

［80］腾讯研究院，中国信息通信研究院互联网法律研究中心，腾讯 AI Lab，腾讯开放平台.人工智能：国家人工智能战略行动抓手［M］.北京：中国人民大学出版社，2017.

［81］王保华.人工智能与教育准备［N］.人民政协报，2020-07-29（007）.

［82］王剑.日本国立国会图书馆人工智能实验室的实践与启示［J］.图书馆研究与工作，2020（10）：85-90.

［83］王岚，王凯.教育中的人工智能：应用、风险与治理研究［J］.黑龙江高教研究，2020，38（06）：45-49.

［84］王世伟.关于智慧图书馆未来发展若干问题的思考［J］.数字图书馆论坛，2018（07）：2-10.

［85］王世伟.未来图书馆的新模式——智慧图书馆［J］.图书馆建设，2011（12）：1-5.

［86］王树涛，陈瑶瑶.美国教育人工智能的战略、应用与发展策略［J］.当代教育与文化，2020，12（05）：17-25.

［87］闻绍媛.人工智能在计算机网络技术中的应用分析［J］.电脑与信息技术，2020，28（05）：78-80.

［88］翁伟斌，李敬来.人工智能时代教育的应对［J］.教育理论与实践，2020，40（25）：3-7.

［89］吴培锦.人工智能技术在移动互联网发展中的运用分析［J］.农家参谋，2020（24）：230.

［90］吴绍芬.人工智能时代，学校何为［N］.中国教师报，

2019-05-01（012）.

［91］吴淑梅，杨慧.人工智能发展对劳动力就业双向影响研究
［J］.昌吉学院学报，2020（04）：12-15.

［92］吴晓如，王政.人工智能教育应用的发展趋势与实践案例
［J］.现代教育技术，2018，28（02）：5-11.

［93］吴秀娟，张浩，倪厂清.基于反思的深度学习：内涵与过程
［J］.电化教育研究，2014，35（12）：23-28，33.

［94］吴颖惠.人工智能如何深度变革教育［J］.人民教育，2019
（22）：30-33.

［95］吴永和，刘博文，马晓玲.构筑"人工智能＋教育"的生态
系统［J］.远程教育杂志，2017，35（05）：27-39.

［96］伍海云，范涌峰.变与不变：人工智能时代教师专业能力重
构［J］.教育评论，2020（02）：108-114.

［97］肖睿，肖海明，尚俊杰.人工智能与教育变革：前景、困难
和策略［J］.中国电化教育，2020（04）：75-86.

［98］肖卓宇，徐运标，陈果，郭杰，黄俊."人工智能＋教育"
融合的实施路径研究［J］.计算机时代，2020（11）：103-105，109.

［99］熊媛，盛群力.人工智能与教育融合发展问题的思考及建议
［J］.教学与管理，2020（15）：21-24.

［100］徐宁宁.人工智能视野下的教育变革［J］.科技视界，
2020（23）：11-13.

［101］荀渊.未来教师的角色与素养［J］.人民教育，2019（12）：
36-40.

［102］闫寒冰.我国信息化促进教育公平的演进特征与路径研究
［J］.中国教育学刊，2019（09）：22-26.

［103］杨薪燕．人工智能对金融行业的影响［J］．知识经济，2019（33）：38，40．

［104］杨宗凯，吴砥．人工智能促进教育创新［J］．西部大开发，2019（04）：32-33．

［105］叶澜．教师角色与教师发展新探［M］．北京：教育科学出版社，2001．

［106］尹上岗，胡信，马志飞，宋伟轩．基于教育公平视角的城市学区房价格时空效应——以南京主城区公办小学为例［J］．经济地理，2019，39（09）：82-93．

［107］余俊．学区划分对义务教育均衡发展的影响与地方立法对策［J］．大庆师范学院学报，2020，40（04）：48-56．

［108］余胜泉，王阿习．"互联网＋教育"的变革路径［J］．中国电化教育，2016（10）：1-9．

［109］余胜泉．人工智能教师的未来角色［N］．中国教师报，2019-05-01（012）．

［110］余胜泉．互联网＋教育：未来学校［M］．北京：电子工业出版社，2019．

［111］余小波，张欢欢．人工智能时代的高等教育人才培养观探析［J］．大学教育科学，2019（01）：75-81．

［112］云剑．浅析人工智能背景下高等教育改革路径重构［J］．改革与开放，2020（19）：34-39．

［113］詹菊球．人工智能与计算机技术在农业现代化中的应用分析［J］．农村·农业·农民（B版），2020（10）：50-51．

［114］张浩，吴秀娟．深度学习的内涵及认知理论基础探析［J］．中国电化教育，2012（10）：7-11，21．

［115］张维天.人工智能在计算机网络技术中的应用探究［J］.网络安全技术与应用，2020（10）：138-139.

［116］张学军，董晓辉.人机共生：人工智能时代及其教育的发展趋势［J］.电化教育研究，2020，41（04）：35-41.

［117］张胤熙.教育公平视阈下中国现阶段贫富差距问题研究［J］.现代商贸工业，2020，41（29）：151-152.

［118］张优良，尚俊杰.人工智能时代的教师角色再造［J］.清华大学教育研究，2019，40（04）：39-45.

［119］张志祯，张玲玲，李芒.人工智能教育应用的应然分析：教学自动化的必然与可能［J］.中国远程教育，2019（01）：25-35，92.

［120］章子跃.浅析人工智能的发展及其对人类生活的影响［J］.通讯世界，2019，26（04）：293-294.

［121］赵娟.人工智能时代的教育公平——从利奥塔公正观的后现代哲学转向谈起［J］.郑州师范教育，2020，09（01）：28-33.

［122］赵磊磊，姜蓓佳，李凯.教育人工智能伦理的困境及治理路径［J］.当代教育科学，2020（05）：3-7.

［123］赵思超.本质论视角下人工智能与艺术创作的关系探析［J］.新闻研究导刊，2020，11（20）：91-92.

［124］赵文静，曹忠.基于增强现实的移动学习海外案例分析［J］.现代教育技术，2017，27（03）：20-26.

［125］赵熙敏，李丽.人工智能时代教育的认知、变革与发展［J］.广西社会科学，2020（06）：173-177.

［126］赵小雅.以更高质量推进教育公平——从两会看西部及民族地区教育［J］.中国民族教育，2020（06）：5-6.

［127］赵愉，王得旭，顾力栩.人工智能技术在计算机辅助诊断领域的发展新趋势［J］.中国科学：生命科学，2020，50（11）：1321-1334.

［128］郑戈.人工智能与法律的未来［J］.公民与法（综合版），2017（12）：11-15.

［129］郑金洲.创新能力培养中的若干问题［J］.中国教育学刊，2000（01）：13-16，52.

［130］郑庆华.人工智能赋能教育创新发展［J］.科教发展评论，2020（00）：1-8.

［131］中华人民共和国教育部.中国教育改革和发展纲要［EB/OL］.（1993-02-13）［2020-11-03］.http：//www.moe.gov.cn/jyb_sjzl/moe_177/tnull_2484.html.

［132］中华人民共和国中央人民政府.国务院关于印发国家教育事业发展"十三五"规划的通知［EB/OL］.（2017-01-19）［2020-10-27］.http：//www.gov.cn/zhengce/content/2017-01/19/content_5161341.htm.

［133］中华人民共和国中央人民政府.国务院关于印发新一代人工智能发展规划的通知［EB/OL］.（2017-07-20）［2020-10-27］.http：//www.gov.cn/zhengce/content/2017-07/20/content_5211996.htm.

［134］周程，和鸿鹏.人工智能带来的伦理与社会挑战［J］.人民论坛，2018（02）：26-28.

［135］周洪宇，鲍成中.第三次工业革命与人才培养模式变革［J］.教育研究，2013，34（10）：4-9，43.

［136］周萍.人工智能背景下的教育变革与应对策略［J］.吉林工程技术师范学院学报，2020，36（07）：45-48.

［137］周琴，文欣月.从自适应到智适应：人工智能时代个性化

学习新路径［J］.现代教育管理，2020（09）：89-96.

［138］周全，张明媚，翟宗香.人工智能在计算机网络技术中的应用［J］.黑龙江科学，2020，11（20）：106-107.

［139］朱燕祥，王勇军.人工智能时代背景下高等教育面临的挑战与变革［J］.教育教学论坛，2020（13）：101-103.

［140］朱永新.未来的学习：重新定义教育［M］.北京：中信出版社，2020.

［141］朱永新.学校的历史发展与未来展望（上篇）［J］.河南教育（基教版），2016（05）：4-6.

［142］朱永新.学校的历史发展与未来展望（下篇）［J］.河南教育（基教版），2016（06）：4-6.

［143］左崇良.基于教育公平的普惠性学前教育政策研究［J］.特立研究，2020（02）：15-21.

［144］Agathe, M., et al. Learning Analytics: From Big Data to meaningful Data[J]. Journal of Learning Analytics, 2016, (3).

［145］AI for Humanity [EB/OL]. [2019-03-19]. https://www.aiforhumanity.fr/.

［146］Aoun, Joseph E. Robot-Proof: Higher Education in the Age of Artificial Intelligence[M]. MIT Press, 2018.

［147］Benjamin Isaacoff. AI and the United States [EB/OL]. [2019-05-17]. https: //spie.org/news/national- strategy- for- ai? SSO=1.

［148］Bhagat K K, Wu L Y, et al. Development and validation of the perception of students towards online learning (POSTOL) [J]. Journal of Educational Technology & Society,2016, 19(1):350-359.

［149］Brusilovsky, P. Methods and techniques of adaptive

hypermedia [J]. User modeling and user-adapted interaction, 1996, (2-3):87-129.

［150］Chaudhri, V. K., Lane, H. C., & Gunning, D. et al. Intelligent Learning Technologies: Applications of Artificial Intelligence to Contemporary and Emerging Educational Challenges[J]. AI Magazine, 2013, 34(3): 10-12.

［151］Cuban,L. Oversold and Underused: Computers in the Classroom [M]. Cambridge, MA: Harvard University Press,2003.

［152］Dale E. Audio-Visual Methods in Teaching (3rd ed) [M]. New York: The Dryden Press,1969:108.

［153］Deng L, Wu S, Chen Y, Peng Z. Digital game - based learning in a Shanghai primary - school mathematics class: A case study[J]. Journal of Computer Assisted Learning, 2020,36(5):709-717.

［154］Diattara A, Guin N, Luengo V, et al. Towards an Authoring Tool to Acquire Knowledge for ITS Teaching Problem Solving Methods[R].2016.

［155］Drigas AS, Ioannidou R E. A Review on Artificial Intelligence in Special Education[C]//World Summit on Knowledge Society, 2013.

［156］DUTTON T. Building an AI world: report on national and regional AI strategies [EB/OL]. [2019-03-26]. https://www.cifar.ca/cifarnews/2018/12/06/building-an-ai-world-report-on-national-and-regional-ai-strategies.

［157］Edwards. C, et al. I, Teacher: Using Artificial Intelligence (AI) and Social Robots in Communication and Instruction[J]. Communication Education, 2018, (4).

［158］Frey, C.B., et al. The future of employment: How susceptible are jobs to computerization? [J]. Technological Forecasting & Social Change,2017,114(2017):254-280.

［159］Garito MA. Artificial intelligence in education: evolution of the teaching -learning relationship[J]. British Journal of Educational Technology,1991(1): 41-47.

［160］Gibson. D, et al. Digital Badges in Education[J]. Education and Information Technologies, 2015, (2).

［161］Graesser, Arthur C. Conversations with autotutor help students learn[J]. International Journal of Artificial Intelligence in Education,2016,26(1):124-132.

［162］Harley, J.M., et al. Developing Emotion-Aware, Advanced earning Technologies: A Taxonomy of Approaches and Features[J]. International Journal of Artificial Intelligence in Education, 2017, (2).

［163］Holmes, W., Bektik, D., & Whitelock, D. et al. (2018). Ethics in AIED: Who Cares [C]//19th International Conference on Artificial Intelligence in Education (AIED'18). London: Springer International Publishing: 551-553.

［164］Lee, J. H., Segev A. Knowledge maps for e-learning [J]. Computers & education,2012,59(2):353-364.

［165］Kaplan, Haenlein. Siri, Siri in my hand: Who's the fairest in the land? On the interpretations, illustrations, and implications of artificial intelligence[J]. Business Horizons,2019,62(1):15-25.

［166］S. Kim，E. Suh，H. Hwang. Building the knowledge map: an industrial case study [J]. Journal of knowledge management,2003,7(2):34-45.

[167] Koedinger, K. R., Aleven, V. An Interview Reflection on Intelligent Tutoring Goes to School in the Big Cit [J]. International ournal of Artificial Intelligence in Education, 2016, (1).

[168] CL Lai, GJ Hwang. Effects of mobile learning time on students' conception of collaboration, communication, complex problem solving, meta-cognitive awareness and creativity[M]. Geneva: Inderscience Publishers,2014.

[169] Lee K. Rethinking the accessibility of online higher education: A historical review [J]. The Internet and Higher Education,2017,33:15-23.

[170] Liang J, Zhang J, Ma Y, et al. Derivation of bathymetry from high resolution optical satellite imagery and USV sounding data [J]. Marine geodesy,2017,40(6):466-479.

[171] Luckin, R. Re-designing learning contexts: Technology-rich, learner-centred ecologies[M]. Oxon: Routledge Press.

[172] McKinsey Global Institute. Jobs lost, jobs gained: what the future of work will mean for jobs, skills, and wages [EB/OL]. [2019-04-26]. https://www.mckinsey.com/featured-insights/future-of-work/jobs-lost-jobs-gained-what-the-future-of-work-will-mean-for-jobsskills-and-wages.

[173] Meredith R, May D, & Piorun J. Looking at knowledge in three dimensions: An holistic approach to DSS through knowledge management [M]. Victoria, Australia: Monash University, 2002:241-254.

[174] Money W H, Dean B P. Incorporating student population differences for effective online education: A content-based review and integrative model [J]. Computers & Education, 2019, 138:57-82.

〔175〕Novak, J. D., & Gowin, D. B. Learning how to learn[M]. Cambridge: Cambridge University Press,1984.

〔176〕Nye, B. D. Intelligent Tutoring Systems by and for the Developing World: A Review of Trends and Approaches for Educational Technology in a Global Context. International Journal of Artificial Intelligence in Education[J]. International Journal of Artificial Intelligence in Education, 2015, (2):177-203.

〔177〕OECD. Students, Computers and Learning: Making the Connection [M].Paris: OECD Publishing,2015.

〔178〕Pareto, Lena. A Teachable Agent Game Engaging Primary School Children to Learn Arithmetic Concepts and Reasoning[J]. International Journal of Artificial Intelligence in Education,2014(3) : 251-283.

〔179〕Peter K. Computing machines can't be intelligent (...and Turing said so) [J]. Minds and machines,2002(12):563-579.

〔180〕Rose Luckin, Wayne Holmes. Intelligence unleashed: An Argument for AI in Education[R]. London: Pearson Education,2016.

〔181〕M.A. Ruiz-Primo，R.J. Shavelson. Problems and issues in the use of concept maps in science assessment [J]. Journal of research in science teaching, 1998,33(6):569-600.

〔182〕Smart Sparrow. Create Courseware that Engages Every Student [EB/OL]. [2019-04-15]. https://www.smartsparrow.com/.

〔183〕Swami A, Jain R. Scikit -learn: Machine Learning in Python [J]. Journal of Machine Learning Research, 2012 (10) : 2825 -2830.

〔184〕Tegos S., Demetriadis S., et al. A configurable conversational agent to trigger students' productive dialogue: A pilot study in the CALL domain [J]. International Journal of Artificial Intelligence in Education,2014,24(1),62-91.

[185] J.E. Trowbridge, J.H. Wandersee. How do graphics presented during college biology lessons affect students' learning? [J]. Journal of college science teaching,1996,26(1):54-57.

[186] UNESCO. Education 2030: Incheon declaration and framework for Action for the implementation of SDG 4 [EB/OL]. [2019-05-01]. http://uis.unesco.org/sites/default/files/documents/education-2030-incheon-framework-for-action-implementation-of-sdg4-2016-en_2.pdf.

[187] UNESCO. First ever consensus on Artificial Intelligence and Education published by UNESCO [EB/OL]. [2019-07-05]. https://en.unesco.org/news/first-ever-consensus-artificial-intelligence-and-education-published-unesco.

[188] UNESCO. Global education monitoring report 2017/8[EB/OL]. [2019-04-26]. https://en.unesco.org/gem-report/sdg-goal-4.

[189] Vanlehn K. The Behavior of Tutoring Systems [J].International Journal of Artificial Intelligence in Education,2006 (3) : 227 - 265.

[190] Vanlehn, K. The relative effectiveness of human tutoring, Intelligent tutoring systems, and other tutoring systems [J]. Educational Psychologist,2011,46(4):197-221.

[191] Vargas R , Mosavi A , Ruiz L .DEEPLEARNING : AREVIEW[M]. Advances in Intelligent Systems and Computing, 2017.

[192] Weber G, Brusilovsky P.ELM-ART—An Interactive and Intelligent Web-Based Electronic Textbook [J]. International Journal of

Artificial Intelligence in Education,2016,26(1):72-81.

［193］Wing, J. M. Computational thinking [J]. Communications of the ACM,2006,49(3):33-35.

［194］Xing W, Chen X, et al. Temporal predication of dropouts in MOOCs: Reaching the low hanging fruit through stacking generalization [J]. Computers in human behavior,2016,58:119-129.

［195］Zhang H, Li D. Applications of computer vision techniques to cotton foreign matter inspection: A review[J]. Computers & Electronics in Agriculture, 2014,109:59-70.